図解でわかる

対人援助職のための

精神疾患とケア

植田俊幸
田村綾子

中央法規

はじめに

　精神障害に関するサービスは、法制度が変わるごとに増えて、以前よりも多くの人が精神障害のある人の支援に携わるようになりました。そのなかで、どうかかわってよいのかわからない、自分のかかわり方が正しいのかどうか自信がもてない、といった戸惑いの声を耳にします。この背景には、精神科の病気や障害について詳しく教えてもらう機会や、よい対応方法の訓練を受ける機会が十分に用意されていないという現状があります。にもかかわらず、目の前にいる利用者の支援にあたらざるを得ないために、目先の症状への対応や日々起きる問題への対応に追われてしまう場面が増えてしまっているのかもしれません。こうした、精神医療が専門ではないけれど、精神障害のある人の支援にかかわる皆さまに、精神疾患やケアのことを簡単に正しく知ってもらうために本書をつくりました。

　精神医療に携わりながら私が常々感じていたのは、何か問題があったときに「あの人は〇〇病だから」とレッテルを貼ってしまうと、いかにも「病気のせいで問題が起きている」ように捉えられてしまうことです。そうなってしまうと、問題解決の方法が「まず病気をよくしてから」といったように医療に偏ってしまい、「みんなで支える」という考え方が忘れられてしまいかねません。また、「病気のことはよくわからないから病院（医療）にお任せ」となったり、「わからないのが精神障害だ」などと誤解されたりすると、偏見が強まってしまう恐れがあります。そこで本書では、精神科の病気を広くシンプルに理解してもらえるように、診断と症状についてできるだけ短く端的にまとめました。加えて、言葉の紹介だけにならないように、そのもとになっている理論も紹介しています。さっと読んでいただくだけでも、精神障害のある人をみんなで支えるための視点を理解してもらえるはずです（第1章、第4章、第5章）。

病気のある人への対応については、これまでにも「うつの人を励ましてはいけない」「妄想は否定も肯定もしない」というように、「〜してはいけない」と説明している書籍やパンフレットはありました。でもそれだけでは、目の前の人の話を受け入れて支援するために実際に何をしたらいいのかよくわかりません。そのため、本書では、どういうかかわり方の工夫や伝え方・言い方があるのか、その具体例や、治療や支援に役立つ対応の方法まで解説しています（第2章）。精神疾患の薬物療法（第3章）と併せて理解することで、精神障害のある人への具体的な支援について学んでもらえます。また、第1章から第5章の知識を活用し、本人の気持ちや生活の変化に着目した支援の実際がイメージできるように事例を掲載しました（第6章）。さらに本文では、詳しい内容を説明しなかった用語からキーワードをピックアップして解説しています（第7章）。おおよそのところを学んでもらうために最適の入門書になったと思います。

　本書の制作にあたっては、公益社団法人日本精神保健福祉士協会会長であり、聖学院大学で教鞭をとられる田村綾子氏にお力添えをいただき、ともすれば医療的な視点に偏りがちな内容に福祉やケアの視点をしっかりと盛り込むことができました。ご多忙のなか、本当にありがとうございました。また、中央法規出版第1編集部の中村強氏には、読者に伝わりやすい表現やレイアウトを工夫し編集していただきました。
　病気のことをよく理解できると、支援がずいぶんやりやすくなりますが、ときに例外やあいまいなことにも遭遇します。ここに書いてある内容だけでは十分に説明できない状況にあたったときには、ぜひ参考文献で紹介した書籍やウェブサイトをみて、もっと詳しい情報を知ってください。本書がさらなる学びの入り口になってくれればとても嬉しいです。

2022年6月
植田俊幸

図解でわかる対人援助職のための精神疾患とケア　目次

はじめに

第 1 章　精神科で扱う病気や障害

01 精神疾患の原因と分類　　2

02 診断　　4

03 統合失調症　　6

04 うつ病　　8

05 双極性障害（双極症・躁うつ病）　　10

06 不安障害（不安症）　　12

07 強迫性障害（強迫症）　　14

08 ストレス障害　　16

09 解離性障害（解離症）　　18

10 パーソナリティ障害　　20

11 発達障害（神経発達症）　　22

12 依存症（アディクション）　　24

13 睡眠障害　　26

14 摂食障害（摂食症群／食行動症）　　28

15 性同一性障害　　30

16 認知症　32

17 てんかん　34

第 2 章　精神症状とかかわりの工夫

01 意識と記憶の障害　　38

02 錯覚と幻覚　　40

03 妄想　　42

04 自我と思考の障害　　44

05 抑うつ・躁状態　　46

06 不安と葛藤　　48

07 強迫観念・強迫行為　　50

08 物質依存・行動依存　　52

09 食行動の障害　　54

10 自傷と自殺　　56

11 暴力・虐待　　58

12 知的障害・発達障害の行動障害　　60

13 認知機能障害・高次脳機能障害　　62

14 不眠　　64

第 3 章　精神疾患の薬物療法

01 薬を飲むのは何のため　68

02 薬の効き方　70

03 脳の伝達物質　72

04 抗精神病薬　74

05 抗うつ薬　76

06 気分安定薬　78

07 抗不安薬　80

08 睡眠薬　82

09 アルコール依存症治療薬　84

10 ADHD（注意欠如・多動性障害）治療薬　86

11 認知症治療薬　88

12 抗てんかん薬　90

13 副作用とポリファーマシー　92

第 4 章　さまざまな治療と支援

01 精神療法・心理療法　96

02 精神療法の種類　98

03 心理検査　100

04 作業療法　102

05 精神科の医療機関　104

06 精神疾患の治療と支援にかかわる専門職　106

07 精神科訪問看護　110

08 医療機関以外の専門機関と専門職　112

09 精神疾患のある人への介護サービス　116

10 地域移行支援・地域定着支援　118

11 自立生活援助　120

12 就労支援　122

第 5 章　精神疾患のある人へのケア

01 学習理論と行動分析　126

02 認知行動理論と認知療法　128

03 社会生活スキルトレーニング(SST)　130

04 心理教育・家族教室　132

05 障害者ケアマネジメント　134

06 アウトリーチ　136

07 元気回復行動プラン(WRAP)　138

08 オープンダイアローグ　140

09 ピアサポート　142

10 成年後見制度　144

11 障害特性に配慮したケア　146

12 社会資源　148

13 トラウマインフォームドケア　150

14 精神科リハビリテーション　152

15 精神疾患のある人と支援チーム　154

第6章　精神疾患のある人へのケア実践

01 統合失調症のある人への支援 私らしさってなんだろう　158

02 うつ病のある人への支援 仕事も自分も大切　166

03 依存症のある人への支援 酒に振り回されない自分の人生　172

第7章　キーワードで学ぶ 精神疾患とケア

01 ウェルビーイング　180

02 リハビリテーション　181

03 リカバリー　182

04 ストレングス　183

05 レジリエンス　184

06 スピリチュアル　185

07 DSM5とICD11　186

08 IPS（個別就労支援プログラム）　187

09 家族会・自助グループ　188

10 精神障害者保健福祉手帳　189

11 精神疾患と関連法規　190

12 SDM（共同意思決定）　192

索引／著者紹介

精神科で扱う
病気や障害

01

精神疾患の原因と分類

こころとからだの歪みが病気になる

人間のこころは複雑で、同じ状況でも感じ方やふるまい方はさまざまです。正常と病気の境目がはっきりせず、精神疾患はわかりにくいともいわれます。そこで、理解しやすくするために、**からだ**（身体）、**こころ**（心理）、**まわり**（環境）の三つに分けて考えてみましょう。

からだの領域は身体や脳の働きで、体質など遺伝子によってもともと決まっている人間の特性（**素因**）も含みます。**こころ**の領域は、その人の考え方や感情などの心理状態です。そして、家族や友人などとの対人関係を含む**まわり**の状況や、社会の制度や仕組みが関係して、そこに**歪みが生じると、病気や障害となって現れる**のです。

内因・外因・心因性に分類

精神疾患の症状を引き起こしている身体や心の原因をはっきりさせ、何が起きているのかを理解し、これから何が起きそうか予想することを、**病態**を理解するといいます。そのために精神科では古くから、内因、外因、心因の三つの原因を想定しています。

内因性精神疾患とは、身体や心理的な原因だけでは説明できないけれど、どうにも脳がうまく働かなくなっている病気で、うつ病や統合失調症が当てはまります。**外因性**精神疾患とは、脳の働きに影響する病気のために症状が起きたもので、原因となった病気が治ると精神症状も治まります。**心因性**精神疾患とは、ストレスに対して考え方や感情がうまく対応できず症状が出たもので、意識と無意識の葛藤や、うまくいかない行動が続くメカニズムなどの病態を想定します。

第1章　精神科で扱う病気や障害

第2章　精神症状とかかわりの工夫

第3章　精神疾患の薬物療法

第4章　さまざまな治療と支援

第5章　精神疾患のある人へのケア

第6章　精神疾患のある人へのケア実践

第7章　キーワードで学ぶ精神疾患とケア

からだとこころとまわりを診る

からだ
(biological)

脳や身体の働き
遺伝子で決められた
特性

病気や
障害

こころ
(psychological)

考え方や感情

まわり
(social)

周囲の状況や社会の
ありかた

病気の症状や目先の
問題だけを治そうと
すると難しいため…

心理面や環境にも
注目するようにし
ます。

内因・外因・心因性精神疾患

内因性精神疾患
脳には問題がないのに、精神の機能が障害
例)うつ病、統合失調症

脳科学や分子生物
学などの分野で、内
因性精神疾患の原
因解明が進められ
ています。

外因性精神疾患
脳など身体に原因があり、身体が治れば症状
も治まる
例)脳梗塞・出血や脳腫瘍による
精神症状、薬剤による精神症状、せん妄

心因性精神疾患
心理状態の変調
意識と無意識の葛藤などを想定
例)神経症、神経症性うつ病

02

診断

病気の原因を想定して診断

診断は、病気の成り立ちや症状を理解し、**先の見通しをつけ、治療や対応の基本的な方針を決める**ために行います。古くから行われている精神科の診断は、自我、情動、行動、人格などのその人の特徴や、家族や社会的な環境などさまざまな面を見て、統合失調症、うつ病や躁うつ病、神経症などのパターンに分けて**病態**を理解します。現在の状態も含めて、生育歴、既往歴、家族歴、生まれ育った環境、もともとの人づきあいや活動の特徴（素因や発病前の性格）などを、本人や家族への問診によって確認し、診断します。また、症状の変化などに応じて、そのつど見立てを行い、ある程度落ち着いた段階で、最終的な診断が決まる場合もあります。

症状を分類する診断

統計や研究では、誰が診断しても同じ診断名になるように、**そのときある症状にはっきりした基準を設けて、項目に当てはまるかどうかで診断する方法（操作的診断基準）**が用いられており、これまでさまざまな方法が開発されてきました。

現在、国際的に広く使用されているものに、世界保健機関（WHO）による**国際疾病分類**の ICD-10または **ICD-11**、アメリカ精神医学会による診断マニュアルの **DSM-5**（精神疾患の診断・統計マニュアル）があります。客観的に診断できることから、日本でも電子カルテの病名や、診断書に記載される病名は、ICD や DSM の病名が主流になっています。

診断に必要な情報

操作的診断

診断には
①原因や経過などから診断
②症状からマニュアルで診断
があります。

ICD-11：国際疾病分類 第11版
DSM-5：精神疾患の診断・統計マニュアル 第5版
（→P.186）

誰が診断しても同じ基準で判断できる

03 統合失調症

思考と自我がまとまらなくなる病気

統合失調症は、自分の考えが他人に知られてしまう、考えや行動が他人から影響されるといった、**思考や自我の障害が主な症状の病気**です。そこにいないはずの人の声が聞こえたり、場にそぐわない感情が出てしまうなど、もともとはなかった症状が現れるのを**陽性症状**といいます。一方、感情をうまく出せず他人との関係を避けて閉じこもってしまうなど、もともとあった機能が損なわれてしまうのを**陰性症状**といいます。統合失調症という診断は同じでも、人によって目立つ症状は変わります。

対人関係では、自分の考えをまとめて伝えられず、相手の言っていることが正しく理解できない状態となり、不安でたまらずイライラしたり、感覚過敏のため誰かに見張られているような気がして、強い緊張感が続きます。症状がとても強いときには、意識はあるのに周りからの刺激に反応できなくなることがあります（**緊張病性昏迷**）。

病気の経過

思春期に発症することが多く、約120人に１人の割合で罹患する病気です。根本的な原因はわかっていませんが、原因の一つは**脳のなかのドパミンが増えすぎてしまうこと**がいわれています。治療には抗精神病薬による薬物療法のほか、認知行動療法などの心理療法や作業療法なども行われます。また、ストレスが多い状況だと症状が出やすいため、安心して暮らせる環境を整え、**ストレスとうまくつき合う**ことが大切です。適切な治療によって1/3〜1/4の人はほぼ治ります。完全には治らない人でもうまく症状とつきあいながら普通に生活をすることができます。ただ、再発を繰り返すこともあるため、長期的な服薬などの病気の管理が必要となる人もいます。

第
1
章
精神科で扱う
病気や障害

第
2
章
精神症状と
かかわりの工夫

第
3
章
精神疾患の
薬物療法

第
4
章
さまざまな
治療と支援

第
5
章
精神疾患のある
人へのケア

第
6
章
精神疾患のある
人へのケア実践

第
7
章
キーワードで学ぶ
精神疾患とケア

統合失調症の症状　図

閉じこもる

物音に
ビクビクする

考えが
知られてしまう

操られていると
感じる

思考障害	考えがまとまらない（連合弛緩）、言葉の意味がつながらない 急に考えが止まる、関係ないことが急に思い浮かぶ 考えが湧いてきて止まらない
自我障害	考えが他人に知られてしまう、他人の考えが入ってくる 操られるように感じる 自分の考えで他人が動くように思う
陽性症状	健康なときにはなかった症状のこと 感覚過敏、感覚と考えの過剰な結びつけ 幻聴などの幻覚、場にそぐわない感情　など
陰性症状	健康なときにはあった機能が低下する症状のこと 感情が出にくくなる、意欲低下、活動低下　など
認知機能障害	短時間の記憶（ワーキングメモリ）、想起、判断、計画、実行、修正などの 高次脳機能の障害
生活障害	片づけなどの日常生活、働くことなどの社会生活、対人関係の障害を おおまかに表現した用語

04

うつ病

心のエネルギーが減る病気

　心理的なエネルギーが減り、**自分の存在価値が小さくなったように感じる病気**です。**気分が落ち込み**、考えが進まず、意欲もなくなり、自分を責めて過去を**後悔**し、将来に希望がもてなくなります。食欲も減退し、身体の調子も悪くなります。不眠症状や、ドキドキして身体がほてるなどの**自律神経症状**、肩こりや頭痛といった症状もあり、はじめは内科や整形外科、婦人科を受診する人が多いのも特徴です。

　うつ状態は、しっかり休むことで1か月〜数か月でよくなりますが、繰り返す場合は反復性うつ病、症状が長引くときは遷延性うつ病と診断されます。経過を通じて軽いうつ症状が2年以上も続き、生活への支障が長引いているときには**気分変調症**と診断されます。

病気の経過

　うつ病はよくある病気で、男性の10人に1人、女性では5人に1人の割合で一生のうち一度は経験するといわれています。誰でも何かの理由があって気分が落ちこみ、やる気が出ないことはありますが、うつ病では原因が解決しても症状が続きます。病気になりやすい性格は特にありませんが、責任感が強すぎる人は十分に回復していないのに無理をして病気を長引かせることがあります。本人も周りの人も病気の正しい知識をもって、仕事や家事の負担を減らし、ゆっくり気兼ねなく**休みながら、少しずつ元の生活に戻る**ようにします。治療では、神経伝達物質である**セロトニン**や**ノルアドレナリン**を増やす作用のある抗うつ薬が使用されます（➡ P.72）。

第1章 精神科で扱う病気や障害

第2章 精神症状とかかわりの工夫

第3章 精神疾患の薬物療法

第4章 さまざまな治療と支援

第5章 精神疾患のある人へのケア

第6章 精神疾患のある人へのケア実践

第7章 キーワードで学ぶ精神疾患とケア

うつ病の症状と治療 図

心理的なエネルギーが減る病気

自分を責める
悪いことだけに注目・
昔のことを後悔・取り越し苦労

気分症状
気分の落ち込み・喜びがなくなる・
楽しくない・面白くない

意欲低下
やる気がない・動けない

強い不安や思い込み
身体の病気への不安・お金の心配・
他人に迷惑をかけてしまった
という間違った思い込み

← もともとの
自分のイメージ

思考の低下
考えが進まない・
決められない

身体の症状
だるさ・頭痛・肩こり・眠れない(夜
中に目が覚めて寝つけない)・食欲
低下・体重減少・口の乾き・味がし
ない・便秘

心理的エネルギーが
減った状態

うつ病の治療

休養

身体と心を休める
環境づくり

薬 ・抗うつ薬
　　セロトニンを増やす
　　ノルアドレナリンを増やす
　・補助的な薬
　　気分安定薬

心理療法
気持ちを受容・共感・支持
認知療法、認知行動療法

mECT
修正型電気
けいれん療法

心理教育
再発予防
ストレスコントロール

薬の効果が不十分だったときの
新しい治療法に、反復経頭蓋磁
気刺激療法(rTMS)があります。

05 双極性障害（双極症・躁うつ病）

躁状態とうつ状態を繰り返す

心のエネルギーが多すぎる**躁状態**と、減りすぎる**うつ状態**を繰り返す病気です。誰でも気分の浮き沈みはありますが、双極性障害では生活に差し支えるほどの症状があって自分ではコントロールできないのが特徴です。明らかな**躁うつ**を繰り返す場合はⅠ型、躁状態が軽い場合はⅡ型と診断されるなど、**症状の強さと経過で分類**されます。

軽い躁状態では社会的な問題が目立たず、普段の生活が続けられているようにみえて、周りからも病気と気づかれずに治療の開始が遅れやすくなります。本人としては躁状態のほうが調子がよいと感じやすいため、正しい診断には周りの人からみた様子や、それまでの詳しい生活の情報も必要です。

生活への支障と再発予防

躁状態では何でもできる気になり、あまり眠らなくても疲れません。気分はとてもよいのですが、抑制がきかずに他人に失礼な態度をとったり、思い通りにならないとイライラして人を責めるなど、**人づきあいの問題が出やすくなります**。買い物やゲームなど目先の楽しいことに没頭し、浪費や高額の借金などでお金の問題になることもありますが、本人は危機感をもたないため、周りの人が対応に困ります。

うつ状態では活力がなくなり、うつ病と同じく自分の価値を認められなくなります。躁状態のときに自分がやったことを思い出すと後悔しますが、今どうしたらいいのか考えられず、意欲も低下して身体がだるくなり動けなくなります。そのため、実際には何もできず、そのことでまた自分を責めることになります。このような状態を避けるために、**気分安定薬**の服用や、ストレスにうまく対応するなどの**再発予防**が大切です。

躁とうつの繰り返しのパターン　図

第 1 章　精神科で扱う病気や障害

第 2 章　精神症状とかかわりの工夫

第 3 章　精神疾患の薬物療法

第 4 章　さまざまな治療と支援

第 5 章　精神疾患のある人へのケア

第 6 章　精神疾患のある人へのケア実践

第 7 章　キーワードで学ぶ精神疾患とケア

双極性障害Ⅰ型	はっきりした躁状態とうつ状態を繰り返す
双極性障害Ⅱ型	躁状態があまりはっきりせず、うつ状態だけが目立ちやすい
気分循環症	軽い気分の波が続く

躁状態

双極性障害の有病率

日本では0.7％程度といわれているが、はっきりとした統計はないこと、うつ病などの診断後に、
双極性障害と診断される場合もあり、実際の有病率はもっと高いといわれている
男女差ははっきりしていない

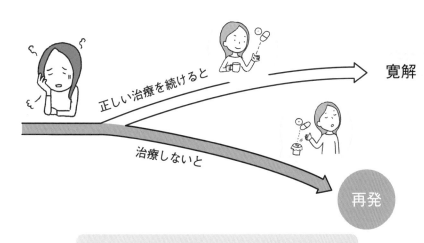

正しい治療を続けると　　　寛解

治療しないと　　　再発

寛解とは…再発の可能性はあるが、症状はほぼなくなり
正常な生活の機能が保たれている状態

06

不安障害（不安症）

強い不安や恐怖が続く病気

適度な緊張感は、目をはっきりと覚まし、自分にとってストレスになりやすい状況を避けて安全に暮らしていくためには役立ちます。しかし、強い不安や恐怖が長く続き、日常生活に支障をきたす場合は、**不安障害（不安症）**と診断されます。症状のパターンによって、不安がいつも続いている場合は**全般性不安障害**、対人関係に不安を感じるために人づきあいがうまくできない場合は**社交不安障害**と分類されます。また、動物や場所など、特定の対象や状況にだけ不安や恐怖を感じる場合を**限局性恐怖症**といい、虫を極度に怖がるのは虫恐怖症、高いところに強い恐怖を感じるのは高所恐怖症、狭いところに恐怖を感じるのは閉所恐怖症といった病名がつきます。

急に強い不安が出るパターン

パニック症（パニック障害）も不安障害の一つで、動悸や過呼吸といった自律神経の発作症状（**パニック発作**）が急に起こり、強い不安を感じる病気です。同じ発作がまた起きたらどうしようという不安（**予期不安**）が強まるとますますパニック発作が起きやすくなり、人づきあいや外出を避けてしまいがちで、**生活の範囲が狭まってしまいます。**

強い不安に襲われたときに、すぐに逃げられないような場所にいることに対して恐怖や不安を抱く病気を**広場恐怖症**といいます。発症すると、バスや飛行機に乗る、レジの行列に並ぶといった、すぐにそこから逃げられない、あるいは助けを求められないと感じる状況や場所を避けるようになります。その場にいることに大変な努力が必要で、苦痛がとても強いため、日常生活に支障をきたし、引きこもりの原因になることもあります。

第1章　精神科で扱う病気や障害

第2章　精神症状とかかわりの工夫

第3章　精神疾患の薬物療法

第4章　さまざまな治療と支援

第5章　精神疾患のある人へのケア

第6章　精神疾患のある人へのケア実践

第7章　キーワードで学ぶ精神疾患とケア

不安障害の分類

いつも不安

全般性不安障害（全般不安症）

対人関係

社交不安障害（社交不安症、社交恐怖）

限られた対象

限局性恐怖症
虫恐怖、クモ恐怖、ヘビ恐怖、犬恐怖など
高所恐怖、雷恐怖、水恐怖など
閉所恐怖、電車恐怖、飛行機恐怖、エレベーター恐怖、針恐怖、注射恐怖、歯科治療恐怖、負傷恐怖、嘔吐恐怖など

前ぶれなく
急に不安

パニック症（パニック障害）、広場恐怖症

不安の成り立ち

何かの
きっかけ

不安

どうしよう、
もっと悪くなるのでは、
不安になっては
いけない

ますます不安になる

1年有病率は3％、生涯有病率は5％という報告があります。男女比は1：2で、女性に多く、発症年齢は成人期初期が多いです。原因としてノルアドレナリン、セロトニン、ギャバ等の伝達物質の関与が研究されています。

07

強迫性障害（強迫症）

不安解消の工夫が不安を強める

　何かの状態が気になり不安が強まって、その**不安を解消するための行動が止まらなく**なり、普通の生活がしにくくなっている病気です。症状には、理屈ではそうではないとわかっているのに考えがやめられない**強迫観念**と、理不尽だとわかっていても行動をやめられない**強迫行為**があります。感染症が流行しているニュースを聞いたときなどは、誰でもいつもより手洗いに時間をかけるようになりますが、通常の人なら数分で終わる手洗いに数十分から1時間以上もかかるなど、生活の多くの時間や労力を強迫行為に費やしてしまう場合に強迫性障害と診断されます。これがエスカレートすると家族にも同じ行動をするよう指示するなど、**周りの人を巻き込んで**いきます。

強迫性障害と同じメカニズムの病気

　強迫性障害の原因はわかっていませんが、素因や生活歴、ストレス状況、神経伝達物質のセロトニンなどのさまざまな要因が互いに関係して発症すると考えられています。以前は、**強迫神経症**と呼ばれていましたが、今は**神経症**という病名はあまり使われなくなりました。現行の診断基準であるICD-10では**強迫性障害**という病名で、不安障害やストレス障害と同じところに分類されています。新しい診断基準である**ICD-11**と**DSM-5**では、それらとは別に分類されるようになり、**強迫症**という病名が採用されています。

　強迫性障害のメカニズムは、不安や恐怖の対象となるきっかけ（トリガー）があり、その**不安や恐怖を解消しようとする行動がやめられずに繰り返される**というものです。これと同じメカニズムの病気に、価値のないものを収集して捨てられない**ためこみ症**、身体の自傷を繰り返す**抜毛症**や**皮膚むしり症**などがあります。

強迫性障害（強迫症）の症状と分類

強迫観念

理屈ではそうではないとわかっているのに、考えがやめられない
・手にばい菌がついていて病気になるのでは
・針が落ちていて刺さるのでは
・鍵を閉めなかったのでは
・ガスの元栓を閉めておらず大火災になるのでは
・自動車の運転中に気づかず人をひいてしまったのでは
・数字の4をみると死ぬのでは

強迫行為

理不尽だとわかっていても、行動をやめられない
・手洗いや入浴、掃除に何時間もかかる
・鍵やガスの元栓を何度も確認する
・家族に行動を指示し強要する
・特定の物を見ないようにするので外出できない
・髪の毛を抜く、身体をひっかくなどの自傷

強迫性障害（強迫症）関連の病気

強迫性障害（強迫症）

醜形恐怖症
・自分の見た目が気になる。恥ずかしい

自己臭恐怖症
・ほかの人から体臭がきついと思われているのではと気になる

ためこみ症
・古新聞やガラクタなど価値のない物が捨てられない
・台所や寝床などの生活をする場所にまで物があふれてしまう（「ゴミ屋敷」の状態）

身体集中反復行動症
・自分で毛髪や眉毛を抜く（抜毛症）、皮膚をかきむしる（皮膚むしり症）

心気症
・検査では異常がないのに心身のささいな不調が気になる
・病気や症状を対人関係や問題解決の手段に用いるようになる

08

ストレス障害

ストレスが仕事や生活に支障をきたす状態

仕事や家庭など人間関係でトラブルがあると、誰でも不安や抑うつ、あるいは怒りや焦りを感じて体調が悪くなります。この心身の不調がとても強く、仕事や生活に大きな支障が出ている場合に、ストレス障害と診断されます。

強い心理的ストレスとなる出来事を経験してすぐに、日常生活に支障のある不快な反応が出た状態が**急性ストレス障害（ASD）**で、通常１か月以内に治まります。１か月以上続く場合には、**心的外傷後ストレス障害（PTSD）**と診断されます。症状には、つらい記憶が突然、鮮明に頭に浮かぶ（**フラッシュバック**）、**悪夢**、同じ場面や場所を避ける（**回避**）、いつも緊張して感覚が過敏になる（**過覚醒**）ほか、怒りや罪悪感など強い感情の変化や、楽しい感情が湧いてこないなどの**情動麻痺**がみられます。PTSD は１回の出来事で発症しますが、**虐待**など長期間にわたり心の傷を負う出来事が繰り返されたために発症した場合には、**複雑性 PTSD** と診断されます。

誰でも発症する可能性のある適応障害（適応反応症）

PTSD は、大災害や戦争、殺人など、**誰が経験しても非常に強いストレスとなる出来事が原因**となって発症しますが、**適応障害**は、誰にでも起こりうる出来事（離婚や失業など）をきっかけにして発症します。誰でも新しい環境（就職や結婚）では多少の不安を感じ、嫌なことや予想しなかったことがあれば気分が落ち込んだりしますが、それでもそれらに適応して生活を続けていきます。そうした環境や出来事に適応しきれず、抑うつ症状や不安があって生活に支障が出るのが適応障害です。

第1章 精神科で扱う病気や障害

第2章 精神症状とかかわりの工夫

第3章 精神疾患の薬物療法

第4章 さまざまな治療と支援

第5章 精神疾患のある人へのケア

第6章 精神疾患のある人へのケア実践

第7章 キーワードで学ぶ精神疾患とケア

トラウマ＝心的外傷後ストレス障害(PTSD)の原因となる出来事

誰にとっても破局的な状況

殺人、戦争、自然災害(大地震、津波、洪水)、火事、暴力、虐待、ネグレクト(無視)、性的被害

トラウマによる特徴的な症状

侵入症状
・出来事の衝撃的な場面が急に頭に浮かぶ
　(フラッシュバック)
・繰り返し悪夢をみる

回避・麻痺症状
・出来事を思い出させるような場面や場所などを
　避ける
・出来事の一部を思い出すことができなくなる
・悲しい、楽しいなどの感情が湧いてこない

過覚醒症状
・寝つきが悪くなる、よく眠れない
・小さな物音にびっくりしやすい
・落ち着きがなくなる
・ちょっとしたことで興奮する
・イライラしやすい

トラウマ体験は、人生のなかであり得ないほどの大きなストレスです。そのため、心を守るために解離(→P.44)が起きるのが、特徴的な症状が出る理由です。適切な支援がないともとの生活に復帰しにくく、症状が長引きます。

09

解離性障害（解離症）

心を守るための仕組み

解離は、大きなストレスを経験したときに、そのときの自分の意識や知覚を切り離して心を守る**防衛反応**の一つです。誰にでも起き得るもので、心配が強いときや物思いにふけっていて、声をかけられても反応しない（周囲への意識が切り離されている状態）なども、解離の一種（**正常解離**）です。

解離性障害は、大きなストレスなどをきっかけに発症し、自分では処理しきれないほどの強い不安や葛藤があるときに、一時的に自我のつながりを切り離して、本来の**問題から自分を遠ざけて心の安定を得ようとする**状態です。子どものころの虐待などのトラウマが関係している場合もあります。解離の症状が強いと、あるときの出来事が思い出せないことや、予期せぬ場所へ記憶がないまま行くといったことが起こり、日常生活や社会生活にも大きな支障をきたすようになります。

解離性障害の代表的な症状

意識には問題がないのに心理的な注意や関心の範囲が狭まって、自分のやったことや生活体験を思い出せない**解離性健忘**、自分の名前や生い立ちを全く思い出せない**全生活史健忘**という状態になることもあります。仕事や家族を残して姿を消し、そのこと自体の記憶がなくなる**解離性遁走**、自分のなかに別の人格を生み出していつもとは違う考え方や行動をして、そのことを覚えていない**解離性同一性障害**、自分自身に対する現実感を失う**離人症**、動物やアニメのキャラクターなどが乗り移ったようにふるまう**憑依トランス症**などがあります。また、解離症状が極度に強いと、意識はあるのに周囲の刺激に全く反応できなくなる**解離性昏迷**という状態になることもあります。

第1章　精神科で扱う病気や障害

第2章　精神症状とかかわりの工夫

第3章　精神疾患の薬物療法

第4章　さまざまな治療と支援

第5章　精神疾患のある人へのケア

第6章　精神疾患のある人へのケア実践

第7章　キーワードで学ぶ精神疾患とケア

解離性障害の分類

解離性健忘

解離性同一性障害

離人症

解離性昏迷

- 自分がしたことの記憶がない（解離性健忘）
- 逃げ出して、そのときの記憶がない（解離性遁走（フーグ））
- 自分のなかに多くの人格ができる（解離性同一性障害、解離性同一症）
- 自己を非現実的に感じる（離人症、現実感喪失症）
- 意識を失ったようになり反応しない（解離性昏迷）
- 身体に異常がないのに動かない、意図しないのに動く（解離性運動障害、転換性障害）

- ひきつけのような症状（解離性けいれん）
- 身体の感覚がなくなる（無感覚、感覚脱失）
- 他人、宗教的な人物、動物などが乗り移ったような症状（憑依トランス症）
- 身体の検査では異常がない身体症状（身体表現性障害）
- 心のストレスが身体の症状に出る（身体化、自律神経機能不全）

10 パーソナリティ障害

人格や人間性を病気や障害として分類

パーソナリティ障害とは人格や行動の障害です。ある出来事に対して、ほとんどの人はとらないような反応をしてしまい、**社会生活に不利益な行動のパターンが続いて**、本人が苦しんだり、周囲の人が対応に困っているときに診断されます。

パーソナリティ＝**人格**とは人柄であり、その人の人間性のことで、もともとは病気とは別の特徴だと考えられていました。しかし、ICD や DSM などの**操作的診断基準**では、病気や障害と同じように分類されはじめ、現在ではそれが主流になってきました。行動のパターンによって情緒不安定性、回避性などに分類されます。

目立つ行動に巻き込まれるパターンを変える

性格は個人差が大きく、個性的な人は多くいますので、だいぶ偏った性格なのか、病気なのか判断に迷うケースはあります。しかし、特徴的な行動パターンが明らかで、周囲が疲弊したり、本人が困っている場合には、パーソナリティ障害と診断されます。

その一つが**境界性（ボーダーライン）パーソナリティ障害**で、感情が不安定で見捨てられることへの不安が強く、周囲の人が自分に関心を向けるように行動します。「自殺する」というような言動や自傷行為が目立ち、周囲の人は驚いて巻き込まれてしまいます。派手で目立つ行動によってコントロールされないためには、本人の行動パターンを少しずつ変えていくかかわりの工夫が必要です （➡ P.56、P.126）。

パーソナリティ障害の対応の基本は心理社会的介入で、かかわりの工夫や環境調整が必要です。パーソナリティ障害そのものを治療する薬はありませんが、気分安定薬や抗精神病薬などが精神症状の緩和のために使われることがあります。

パーソナリティ障害の概念とICDによる分類

妄想性	統合失調症質性	非社会性	情緒不安定性 衝動型　境界型

演技性	強迫性	回避性 [不安性]	依存性

境界性（ボーダーライン）パターンの関連因子

背景因子

　学習特性

背景因子

過去のトラウマ

背景因子

　生活環境

本人

不適切な
行動パターン

変えられない
もっと強めようと
する

接近・批判・拒絶

家族

不適切な循環

支援者

過保護・代理行為
批判・拒絶

第1章　精神科で扱う病気や障害

第2章　精神症状とかかわりの工夫

第3章　精神疾患の薬物療法

第4章　さまざまな治療と支援

第5章　精神疾患のある人へのケア

第6章　精神疾患のある人へのケア実践

第7章　キーワードで学ぶ精神疾患とケア

11

発達障害（神経発達症）

人間の発達と障害

　成長とともに発達していくはずの知能や精神活動、運動機能などが、生まれつきの理由によって遅れたり妨げられたりしている障害です。発達には、運動などの身体的発達、計算や理解などの知的・心理的発達、人づきあいなどの社会的な発達があり、発達障害では、一部分がほかと比べてうまく伸びていないなどの**偏り**が**特徴**です。

発達障害の分類

　発達障害は大きく以下の三つに分類されています。

　自閉スペクトラム症（ASD）は、**行動や対人関係に独特の特徴**があり、従来は自閉症や広汎性発達障害といわれてきました。しかし、一口に自閉症といっても、本人の能力や実際の生活の様子、困りごとはさまざまであるため、現在では、連続した範囲という意味のスペクトラムという言葉が使われています。このうち**アスペルガー症候群**は知能の発達の遅れはなく、知能テストなどの数値は高い場合もあります。

　注意欠如・多動性障害（ADHD）は、やるべきことに注意を向けたり、集中を続けたりできず、多動などの行動障害が出ます。ADHD の A は attention（注意）、D は deficit（欠如や欠陥）、H は hyperactivity（多動）、D は Disorder（症・障害）のことで、診断基準によって翻訳が少し異なるため、ADHD の略号がよく使われます。

　限局性学習障害（SLD）は、読む、書く、計算するといった、**限られた部分の学習だけがうまくできない障害**です。苦手な部分の成績が悪く、学習が遅れますが、知的な発達の遅れはないため、努力不足や不真面目だと評価されがちで、障害であることに本人も周囲も気づかずに成長してしまい、生きづらさを抱えて生活しているケースもあります。

第1章　精神科で扱う病気や障害
第2章　精神症状とかかわりの工夫
第3章　精神疾患の薬物療法
第4章　さまざまな治療と支援
第5章　精神疾患のある人へのケア
第6章　精神疾患のある人へのケア実践
第7章　キーワードで学ぶ精神疾患とケア

自閉スペクトラム症（Autism Spectrum Disorder：ASD）

自閉症

・言葉の発達の遅れ
・コミュニケーションの障害
・対人関係・社会性の障害
・パターン化した行動、こだわり

知的な遅れを伴うこともある

アスペルガー症候群

・基本的に言葉の発達の遅れはない
・コミュニケーションの障害
・対人関係・社会性の障害
・パターン化した行動、興味・関心の偏り
・身体運動への不調和

注意欠如・多動性障害（Attention-Deficit Hyperactivity Disorder：ADHD）

・不注意（集中できない）
・多弁・多動（じっとしていられない）
・衝動的に行動する（目先の刺激にすぐ反応）

限局性学習障害（Specific Learning Disability：SLD）

・全体的な知的発達に比べて、「読む」「書く」「計算する」等の能力の一部が、極端に苦手

※このほか、トゥレット症候群や吃音（症）なども発達障害に含まれます。

12 依存症（アディクション）

悪い習慣がやめられない

依存症とは、飲酒や喫煙、薬物の摂取などのために、自分の身体や、仕事・金銭管理などを含めた日常生活、家族など身近な人との人間関係に大きな支障が出ているのに、**その習慣をやめることのできない病気**です。自分の力ではコントロールできないことが健康な行動との違いです。

依存は、もともとはリラックスできたり、満足を得られるという意味ではよいことだったのかもしれません。しかし、何度も繰り返すうちに、脳の喜びを感じる部分の働きが損なわれて（➡ P.52）、衝動が抑えられずに行動すること自体が目的となってしまいます。そして、お金や時間など、自分の**生活の多くをその行動に捧げて**しまうようになります。この状態を、嗜癖行動という意味で**アディクション**（addiction）といいます。

依存の種類

麻薬や覚せい剤、大麻、危険ドラッグ、アルコール、タバコなどは依存性が高く、薬物依存（中毒）、アルコール依存（中毒）、ニコチン依存（中毒）などを引き起こしやすい物質です。違法薬物でなくても、鎮痛薬や睡眠薬、抗不安薬などの処方薬や、市販薬でも乱用や依存が起こるリスクがあります。コーヒーや栄養ドリンクに含まれているカフェインやペットボトル飲料などの糖質でも依存症になることがあります。

薬剤などの物質だけでなく、**行動への依存**もあります。競馬や競艇、パチンコなどへの依存が**ギャンブル依存症**です。最近では、家族関係や学業、社会生活に大きな問題が出ていても SNS 利用をやめられない**ネット依存**や**ゲーム依存**が増加し、特に若い世代での社会問題になっています。

脳を酔わせる物質や行動　図

第1章　精神科で扱う病気や障害

第2章　精神症状とかかわりの工夫

第3章　精神疾患の薬物療法

第4章　さまざまな治療と支援

第5章　精神疾患のある人へのケア

第6章　精神疾患のある人へのケア実践

第7章　キーワードで学ぶ精神疾患とケア

脳に影響のある物質や特定の行動に依存

合法なもの	アルコール、ニコチン、カフェイン、処方された薬剤の不適切な服用
違法なもの	覚せい剤、大麻、危険ドラッグ
依存性のある食材	砂糖などの糖質、脂質、塩分などの過剰摂取

依存＝dependence→pend
（ぶら下がる）から由来した言葉

アディクション（addiction）→捧げる
「addict」は捧げるという意味

依存物質にしがみつく

信頼・時間・家族

人生を捧げてしまう

依存症の種類

物質依存
・アルコール
・ニコチン
・カフェイン
・薬物

プロセス依存
・ギャンブル
・買い物
・ネット
・テレビ
・ゲーム

関係依存
特定の人間関係に依存
・共依存
（お互いに強く依存）
・性行動依存※

※依存性パーソナリティ障害や
　性嗜好障害とも関連

13

睡眠障害

眠れないことで生活の質が障害される状態

人間には、日中起きて夜は眠くなるという、**およそ24時間の自然のリズム**があります。誰でも何かのきっかけで寝つきが悪くなり、眠れなくなることがありますが、頻繁に夜に眠れなくなり、次第に昼間の仕事や家事、学業などの社会生活が障害され、生活の質が著しく低下する状態が**不眠症**と呼ばれる睡眠障害です。いったん眠れない状態が続くと睡眠のリズムは回復しにくくなります。

不眠症には、なかなか寝つけない入眠障害、夜中に何度も目が覚める中途覚醒、朝早く目が覚めて眠れなくなる早朝覚醒、ぐっすり寝た気がしない熟眠障害の四つのパターンがあります。

さまざまな睡眠障害

特別な症状の睡眠障害もあります。病気だと気づかれないと、日中の眠気は怠惰な生活をして寝不足だからなどと、**本人の責任にされてしまいがち**ですが、交通事故の原因が睡眠障害であった例などもあり、病気の正しい理解が必要です。

主な睡眠障害には、不眠症のほかに、夜にしっかり寝ても日中に眠くなる**過眠症**、寝ている間に呼吸が止まってしまうことで眠りが浅くなり、日中の眠気が強く出る**睡眠時無呼吸症**、昼夜のサイクルと体内時計のリズムが崩れ、生活に支障をきたす**概日リズム睡眠・覚醒障害**、仕事や試験中など大事な場面でも眠り込んでしまう**ナルコレプシー**などがあります。これらの原因はさまざまですが、5人に1人が何らかの睡眠障害を抱えているといわれています。

第1章　精神科で扱う病気や障害

第2章　精神症状とかかわりの工夫

第3章　精神疾患の薬物療法

第4章　さまざまな治療と支援

第5章　精神疾患のある人へのケア

第6章　精神疾患のある人へのケア実践

第7章　キーワードで学ぶ精神疾患とケア

不眠の分類

寝つきが悪い （入眠障害）	途中で目が覚める （中途覚醒）	朝早く目が覚めて 困る（早朝覚醒）	ぐっすり寝た気が しない（熟眠障害）

不眠症は　夜眠れない＋昼間の健康な生活の障害　で診断

睡眠障害の分類

過眠症	標準的な睡眠時間よりも長く眠らないと、日中の眠気などのため生活に支障が大きい
睡眠時無呼吸症	睡眠中に10秒以上呼吸が止まることが何度もあって、睡眠が浅くなり日中眠い
概日リズム睡眠 ・覚醒障害	望ましい生活リズムよりも睡眠覚醒リズムが遅れる 睡眠相後退型、睡眠相前進型、不規則型、非24時間睡眠・覚醒型、交代勤務型がある
睡眠時随伴症 （パラソムニア）	睡眠に伴って起きる不快なできごと。深い睡眠から急に目覚めたときの錯乱（錯乱性覚醒）、歩き回る（睡眠時遊行症、夢遊病）、動悸など突然の自律神経の興奮で驚く（睡眠時驚愕）、悪夢、不快な夢をみて行動（レム睡眠行動障害）
レストレスレッグス症候群 （むずむず脚症候群）	足のむずむず感や痛みのため寝つけない。夕方から悪くなることが多い
ナルコレプシー	会話中や試験など大切な場面でも眠ってしまう、眠り込んで目覚めてから寝ていたことに気づく（睡眠発作）、驚きや大笑いで急に力が抜ける（情動脱力発作）、寝入ったときの金縛りや幻覚（入眠時幻覚）
物質・医薬品 誘発性睡眠障害	薬や物質による睡眠障害。アルコールやカフェインなどの嗜好品、処方されている睡眠薬などの向精神薬、ステロイドや抗ヒスタミン薬など、麻薬や覚せい剤などの違法薬物が影響しやすい

14

摂食障害
（摂食症群／食行動症）

食べる行動がコントロールできない病気

食べないことや食べ過ぎてしまうなど、食べる行動が自分でコントロールできず、**食べる行動そのものが生活の目的**となってしまい、極度なやせすぎなどで身体の健康を損なったり、社会生活に大きな問題が続いたりしても行動を止められない病気です。

ダイエットの広告を見た、太っていると言われたなどをきっかけに食べるのを控えたり、おいしいものを食べ過ぎてしまったりすることは誰でもありますが、摂食障害ではその程度が大きく長期間にわたり、体重が増えないように自分で嘔吐したり下剤を乱用するといった、健康を損なう行動もみられます。思春期から青年期の女性に多いのですが、中高年期や男性が発症することもあります。

摂食障害の分類

食べる量が減ってしまうのが**神経性やせ症（神経性無食欲症）**です。食事を強く拒否する人だけでなく、食欲があっても食べられない、食べたいと思うのに少し食べただけで食べられなくなるという人もいます。**やせ願望や肥満恐怖が背景にある**場合があります。

食べる行動がコントロールできず、むちゃ食いを止められないのが過食性障害、むちゃ食いの後に嘔吐などの体重増加を防ぐ代償行動を繰り返すのが**神経性過食症（神経性大食症）**です。

回避・制限性食物摂取症は、肥満恐怖や体重へのこだわりはないのに、食事に対する無関心や、食事の後の嘔吐など不快な経験がもとになって食べられなくなってしまう病気です。

第1章 精神科で扱う病気や障害

第2章 精神症状とかかわりの工夫

第3章 精神疾患の薬物療法

第4章 さまざまな治療と支援

第5章 精神疾患のある人へのケア

第6章 精神疾患のある人へのケア実践

第7章 キーワードで学ぶ精神疾患とケア

神経性やせ症、神経性無食欲症	食べる量が減って、期待される最低体重を下回っている状態 食事を意図的に減らす、過剰な運動や嘔吐など、体重が増加しないための行動が続いている
むちゃ食い症、過食性障害	空腹でなくても大量に食べる。恥ずかしいので一人で食べ、後で自己嫌悪に陥る
神経性過食症 神経性大食症	体重や体型に囚われ、むちゃ食いと、体重増加を防ぐため嘔吐するなどの代償行動を繰り返す。食べる行動をコントロールできないことに苦痛を感じているのが特徴
回避・制限性食物摂取症	食べることへの無関心や、見た目や食感などを嫌がり極度の偏食や、食後に吐いたなどの不快な経験から、少量の食事しか食べられず健康が保てない 発達障害などの感覚過敏との鑑別が必要

15

性同一性障害

社会的な性役割と病気の分類

　生物的な性はさまざまで、無性生殖や環境によって性が変わる生き物もいます。人間でも、遺伝子やホルモンの働きで決まる身体の性には個体差があり、さらに心理的にも社会環境によっても性の表現は変わり得ます。そのため、身体の性とは別の性の要素を感じることは普通にあり、はっきり違和感をもつ人もいます。身体の性と心の性が異なり、生活する上で期待される役割などの、**社会的な性に合わせることに苦痛を感じ続けるのが性同一性障害**です。この状態を個人の特徴とするのか、病気や障害とするのかは、時代や制度によって評価が変わります。性役割を明確にする社会では異常とみなされやすくなります。DSM-5では性別違和、ICD-11では**精神疾患ではなく性の健康に関する状態**として性別不合と分類されています。

恋愛対象や性の認識を表す用語

　同性が恋愛対象となるレズビアンとゲイ、両性が恋愛対象となるバイセクシャル、身体の性と心の性が異なるトランスジェンダーの英語の頭文字を並べ、性的マイノリティ（少数者）を示す用語が**LGBT**（Lesbian Gay Bisexual Transgender）です。恋愛の傾向である性的指向（Sexual Orientation）と、自分の性の認識である性自認（Gender Identity）は、頭文字をとり**SOGI**（ソジ）として、性別や性的指向に関する考え方を表します。SOGIがはっきりしない状態や、あえてはっきり決めないのがクエスチョニングであり、さまざまな性の状態を含めて**LGBTQ+**といいます。2021年の東京オリンピック・パラリンピックでは、性別や人種や宗教などの違いを認め合う社会をつくる「多様性と調和」が理念の一つで、性的マイノリティを公表する選手が話題になりました。

性のカタチはいろいろ　図

第1章　精神科で扱う病気や障害

第2章　精神症状とかかわりの工夫

第3章　精神疾患の薬物療法

第4章　さまざまな治療と支援

第5章　精神疾患のある人へのケア

第6章　精神疾患のある人へのケア実践

第7章　キーワードで学ぶ精神疾患とケア

植物や動物の雄と雌
植物でもイチョウの木にはオスとメスの木があります。動物のなかには、かたつむりのような雌雄同体や、温度で性別が変わるアオウミガメ、集団のなかで性転換するクマノミなど、さまざまな性機能をもつ種があります。

LGBTQ+

 L

レズビアン Lesbian
女性の同性愛者
（心の性が女性で恋愛対象も女性）

G

ゲイ Gay
男性の同性愛者
（心の性が男性で恋愛対象も男性）

B

バイセクシャル Bisexual
両性愛者
（恋愛対象が女性にも男性にも向いている）

T

トランスジェンダー Transgender
身体の性と心の性が異なる人

Q

クエスチョニング Questioning
自分の性別や性的指向をはっきり決めない人

16

認知症

脳の働きが損なわれた状態

いったん発達した大人の脳の働きが、何らかの原因で損なわれ、**高次脳機能の障害のために生活に支障が出る病気**です。年をとると起こりやすくなり、高齢化に伴い認知症の患者数は増えています。脳のなかに異常なたんぱく質が溜まって徐々に脳が縮み、年齢とともに記憶や判断の障害が目立つタイプの認知症が**アルツハイマー病**です。65歳よりも若い年齢で発症するのが**若年性**、それ以降が**晩発性**と診断されます。脳出血や脳梗塞などの後遺症によって起きた認知症を**脳血管性認知症**といい、脳の障害された部分によって症状は変わります。ほかに前頭葉が縮む**前頭側頭型認知症**、大脳皮質にレビー小体が溜まる**レビー小体病**があり、これらを4大認知症といいます。医学的には、事故などによって脳に損傷が起きたために生じた**高次脳機能障害**も認知症に分類されます。

中核症状と周辺症状

認知症には脳の障害から直接起きる中核症状と、それに引き続いて起きる周辺症状があります。　**中核症状**は、自分の体験を忘れてしまう記憶障害、社会常識や状況など自分の置かれた立場を把握して正しく**判断する能力の障害**、言葉の理解や話すことの障害、時間や場所が曖昧になる**見当識障害**などです。認知症の妄想は統合失調症とは違って、「財布を家族に盗られた」など、具体的な困りごとに身近な人を結びつけるのが特徴です。**周辺症状**は興奮などの情動統制の障害、不安や抑うつ、妄想などの精神症状、徘徊などの行動障害、睡眠のリズムが障害されることで生じるせん妄などです。生活場面では周辺症状が問題となり、問題解決のために医療的な治療が求められることがありますが、まず中核症状を正しく判断して対応を工夫し、環境を整えることが大切です。

認知症の種類と症状　図

第1章　精神科で扱う病気や障害
第2章　精神症状とかかわりの工夫
第3章　精神疾患の薬物療法
第4章　さまざまな治療と支援
第5章　精神疾患のある人へのケア
第6章　精神疾患のある人へのケア実践
第7章　キーワードで学ぶ精神疾患とケア

アルツハイマー病	・脳が縮んで、動作をまとめる頭頂葉や、記憶を行う側頭葉の働きが低下する認知症 若年性……65歳よりも若いときに発症 晩発性……65歳以降に発症
脳血管性認知症	・脳梗塞や脳出血の後に起きた認知症
前頭側頭型認知症	・判断や意欲を司る前頭葉が縮むため、社会的な行動がとりにくくなる認知症、多くはピック病と診断される
レビー小体病	・身体のこわばりなど、パーキンソン病の症状が出る認知症 ・記憶障害はあまり目立たず、幻視がみられる
頭(脳)の大きなケガの後遺症	・交通事故や転落などで、脳に直接損傷があったために起きた認知症 ・意識障害がなく判断や行動の障害が目立つ場合、「高次脳機能障害」ということもある

目的なく歩き回る

記憶障害

判断力低下

意欲がなくなる

中核症状

不安・幻覚

話が理解できない

時間や場所がわからない

怒りっぽくなる

周辺症状

その他：イライラ、興奮、暴力行為、妄想、うつ状態、自発性低下など

17
てんかん

脳の電気活動の乱れ

脳の神経には電気が流れています。てんかんは、その**電気活動が乱れたためにてんかん発作が繰り返し起きる病気**です。てんかん発作とは、脳の働きに応じて症状がいつも同じパターンで現れる短い時間の発作をいいます。120人から130人に1人の割合で生じ、子どもに起きやすい病気ですが、高齢になってから初めて発症することもあります。脳梗塞や脳出血などの後遺症として発症することもあり、社会の高齢化に伴いてんかんの患者数は増えています。脳神経の病気ですが、福祉サービスの利用にあたっては、精神障害に分類され、障害福祉サービスや自立支援医療、障害者年金などが利用できます。

診断と治療

原因不明の**特発性てんかん**は子どもに多く、体質や遺伝も部分的に関係するといわれていますが、大人になると治ります。脳の海馬という部分が縮んでいるなど、脳に何らかの原因がある**症候性てんかん**は、原因の治療が難しければ発作が続きやすくなります。

診断は問診と**脳波検査**をはじめ、頭部 CT や MRI 検査も参考にして決まります。**てんかん発作は数秒から長くても数分で終わってしまう**ため、様子を詳しく見て時間の長さや身体の動きを記録しておきます。スマホなどで発作の動画を撮っておくことも役立ち、記録専用のアプリもあります。発作のときに舌の端を噛んで出血してしまう人がいますが、傷は小さいので、慌てて口の中に物を入れたり、身体を押さえつけたりしてはいけません。

治療の基本は**抗てんかん薬**を飲み続けることです。睡眠不足や極端な疲労を避け、健康を保つためによい生活習慣を続けることが、発作の抑制につながります。

てんかんの種類

子どもに起きやすいてんかん

治りやすい

小児良性てんかん
覚醒時てんかん
欠神てんかん

治りにくい

ウエスト症候群
レノックス・ガスト
症候群

大人に起きやすいてんかん

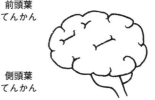

前頭葉
てんかん

頭頂葉
てんかん

側頭葉
てんかん

後頭葉
てんかん

第2章　精神症状とかかわりの工夫

第3章　精神疾患の薬物療法

第4章　さまざまな治療と支援

第5章　精神疾患のある人へのケア

第6章　精神疾患のある人へのケア実践

第7章　キーワードで学ぶ精神疾患とケア

発作の種類

身体全体に起こる発作
（全般起始発作、全般発作）

手足や体が固くつっぱる

ガクガクけいれんする

ボーッとする

急に力が抜けて倒れる

手足がピクッとする

部分的に起こる発作
（焦点起始発作、部分発作）

・ぼんやりとして動きが止まる
・片手を握りしめ反対の手でまさぐる
・口をもぐもぐさせる
・ムカムカした感じがこみあげる
・急にさみしい気持ちになる
・音や光を感じる（幻覚）

てんかん診断の3ステップ

一過性の神経学的症候（発生）

1
鑑別診断
（てんかん発作か否か）
失神や、てんかんではない
けいれん発作などと区別
する

2
てんかん発作型診断
抗てんかん薬の選択に重
要である

3
てんかん症候群診断
先の見通しをつける

治療方針の決定

第 1 章参考文献

- 福智寿彦「家族が統合失調症と診断されたら読む本」幻冬舎、2014.
- こころの健康情報局 すまいるナビゲーター「うつ病 ABC」
  https://www.smilenavigator.jp/utsu/about/
- 統合失調症と双極性障害に関する情報サイト　こころシェア
  https://kokoro-share.jp/bp/index.html
- MSD マニュアル家庭版「不安症とストレス関連障害」
  https://www.msdmanuals.com/ja-jp/ ホーム /10- 心の健康問題 / 不
  安症とストレス関連障害
- 日本自閉症協会 Web 委員会作成「自閉症スペクトラムや発達障害に関す
  る基礎知識」
  http://www.autism.or.jp/keihatsuday/about-autism.html
- 知って向き合う ADHD
  https://www.adhd-info.jp/
- 内山真編「睡眠障害の対応と治療ガイドライン 第3版」じほう、2019.
- 日本精神神経学会認知症委員会編「日本精神神経学会 認知症診療医テ
  キスト」新興医学出版社、2019.
- 中里信和監 『『てんかん』のことがよくわかる本」講談社、2015.

第 **2** 章

精神症状と
かかわりの工夫

01

意識と記憶の障害

意識の障害

　はっきり目が覚めて、刺激に反応できるのが**意識のある状態**です。このとき脳は正常に働き、自分が自分であることを正しく認識できています。脳の働きが低下すると、刺激への反応が減ってぼんやりしたり、**意識がない状態**となります。眠りと覚醒のリズムが損なわれて、時間とともに意識の状態が変わる意識障害を**せん妄**といいます。

　俗に「意識がない」といわれる状態には、脳は目覚めていて本当は意識があるのに反応できないことや、「意識せずにやってしまった」というように、間違った反応をしてしまったことをいう場合があります。これらは心理的には、注意が向く範囲が狭くなったり、自我の連続性が途切れてしまった状態であり、医療現場で一般的に使われている意識障害の用語とは区別して**解離**（➡ P.44）や**昏迷**と呼んでいます。

記憶と見当識

　人間の記憶は、ある出来事を写真のように単に記録しているだけでなく、**自分の知識や気持ちと結びつけ、印象づけて**脳に蓄えています。また、記憶には、買い物で支払うときに金額を覚えておく、電話をかけるときに番号を覚えておくなどの短い時間の記憶（ワーキングメモリ）と、長い時間の記憶があります。

　見当識とは、時間や場所、人物を理解する能力です。見当識が障害されると時間や季節、そのときいる場所がわからなくなります。正確な住所や人の名前を思い出せないなどは誰にでもある物忘れですが、大まかな地域や年代を間違える、自宅と病院を間違えるといった、時間の流れや場所などの実際の状況と、今の自分自身との関係がわからなくなってしまうのが**見当識障害**です。

第1章　精神科で扱う病気や障害

第2章　精神症状とかかわりの工夫

第3章　精神疾患の薬物療法

第4章　さまざまな治療と支援

第5章　精神疾患のある人へのケア

第6章　精神疾患のある人へのケア実践

第7章　キーワードで学ぶ精神疾患とケア

意識障害の程度

1 もうろう

寝起きでぼーっとしてるような状態

2 せん妄

意識状態が変化して混乱

3 意識障害(軽〜中等度)

話が通じない・できない

4 昏睡

まったく反応しない

見当識障害

時間がわからない

今、何時?

場所がわからない

ここはどこ?

人がわからない

どちらさま?

POINT：せん妄や見当識障害への対応

・時間や場所の手がかりを置く(時計、日めくりカレンダーなど)
・見通しをつける(スケジュールや、次にやることを書く)
・親しみのあるものを置く(大切にもっているもの、家族の写真など)
・片づけて必要な物だけ置く、短い言葉で話す、具体的に伝える

02

錯覚と幻覚

錯覚と幻覚

錯覚とは、実際にあるものを間違って感じてしまうことです。天井の模様を見て人の顔だと思うような見間違いを**錯視**、物音が人の話している声に聞こえるなどの聞き間違いを**錯聴**といいます。**幻覚**とは、**ないものを感じてしまうことです**。実際にはいないはずの人の声や物音が聞こえることを**幻聴**、いないはずの人物や動物が見えることを**幻視**といいます。統合失調症では自分の行動を批判する幻聴や、自分の考えが声になって聞こえる幻聴があるのが特徴です。せん妄や薬物依存では、天井の模様が虫や人の顔に見えるといった錯視や、幻視がよくみられます。

混乱を防ぐためには、周りの人は落ち着いた優しい態度で接し、鏡や人形などその人にとって間違いのもとになるものを取り除くなど、安心して過ごせるように環境を整える必要があります。

人間の知覚

目、耳、鼻、舌、皮膚にはセンサー（感覚器）がたくさんあり、周囲の状況をいつも脳に伝えています。筋肉や内臓など身体のなかの情報も脳に伝わっています。脳は情報を集めて、例えば「人の声」「熱い」「甘い」などと意味を与えます。この過程を**知覚**といいます。脳のなかで**ドパミンが増えすぎると、知覚が過敏**になります。

脳は、情報を素早く処理するために取捨選択し、よくあるパターンを**まとめて認識**しています。知っている人の顔や声などは考えずとも認識できるなど効率がよい一方で、ないはずのものが見えたり、本当はあるのに無視するなど、さまざまなミスも起こり得ます。**錯覚や幻覚の成り立ちには、このような脳機能の誤作動が関係しています。**

第1章　精神科で扱う病気や障害

第2章　精神症状とかかわりの工夫

第3章　精神疾患の薬物療法

第4章　さまざまな治療と支援

第5章　精神疾患のある人へのケア

第6章　精神疾患のある人へのケア実践

第7章　キーワードで学ぶ精神疾患とケア

錯覚と幻覚

錯覚

アルコール依存症の錯視

錯覚…間違って知覚する

見間違い（錯視）、聴き間違い（錯聴）
　例）天井の模様が虫に見える、
　　　物音を人の声と思う

幻覚

統合失調症の幻聴

幻覚…ないものを知覚してしまう

幻視、幻聴、幻臭、幻味、幻触、幻肢痛、体感幻覚
　例）何も音がしていないのに人の声が聞こえる、
　　　誰もいないのに体を触られていると感じる

錯覚への対応⇨間違えやすいものをなくします。
物を減らす、人形など人間と間違えやすいものを片づける、
鏡や大型テレビに人の姿が映って気にする場合は布をかけ
て隠すなど環境を整えます。また、見えたという本人の体験
は否定しないことです。

人間の脳は簡単にだまされる

①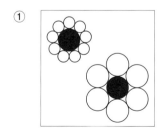
②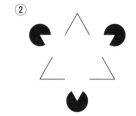
③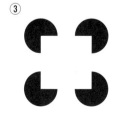

①上の黒い丸が大きく見える。②実際には存在しない白い三角形が見える。黒い輪郭の三角形も見えるが、
本当は線が途切れている。③黒い円四つと白い四角形が見える

03

妄想

合理的な判断と妄想

妄想とは、間違った考えを信じ込んで、理屈で説明されても考えを変えられない状態をいいます。統合失調症の症状の一つですが、**認知症などの精神疾患**でもみられます。

人間は、たくさんの情報や知識をもとに判断しますが、すべてを考えて決めるのは大変です。そこで、よくあるパターンをまとめて、わかりきったことはすぐに判断できるようにしています。これによって効率はよくなりますが、ときに間違った判断を修正できないことや、自分では考えのおかしさに気づけないことがあります。

妄想はこの傾向が強いため、他人から理屈で説明されても修正できず、かえって思い込みが強まってしまうこともあります。また、自分の考えを否定され続けると、相手に不信感を抱きやすくなり、かかわりを避けるようにもなります。

妄想への対応

「妄想は肯定も否定もしてはいけない」といわれていますが、ではどう対応するかです。「そうですねえ」というのは無難にみえて、実は肯定のメッセージにもなります。また、いつまでも妄想の話が続くと、現実的な話ができなくなってしまいます。

妄想の背景には、うまくいかず困っていることや、不快な体験があります。そこで、「なるほど、そうだったのですね」「そういう考え方もありますね」と**体験や考え方を認めて、嫌な気持ちや大変な思いに共感**し、どうしてそう思うのか理由を聞きます。安心して話ができ、ここは安全だと本人が実感できることが助けになります。また、その後どうなって、今どうしているかという現実の話を聞くと、生活していく上での困りごとを解決するために、どう考えて何をしたらいいのかを具体的に援助しやすくなります。

第1章　精神科で扱う病気や障害

第2章　精神症状とかかわりの工夫

第3章　精神疾患の薬物療法

第4章　さまざまな治療と支援

第5章　精神疾患のある人へのケア

第6章　精神疾患のある人へのケア実践

第7章　キーワードで学ぶ精神疾患とケア

妄想の種類

被害妄想	悪いことをされる、陥れられる
関係妄想	自分と他者や出来事とを強く関連づける
被毒妄想	毒を飲まされる、薬に毒が入っている
注察妄想	見られている、狙われている
物盗られ妄想	財布や通帳を盗られた、お金を盗られた（認知症でよくみられる）
誇大妄想	自我が大きくなってしまった状態…血統妄想（自分は王や大臣の家系）、有名人と知り合いなど（躁状態でみられる）
微小妄想	自我が小さくなってしまった状態…お金がない（貧困妄想）、大変な罪を犯した（罪業妄想）、不治の病にかかった（心気妄想）（重症のうつ病でみられる）

妄想への対応

妄想　違うよ　本当はこうだよ　✕

そのときどうしました？

いつもどうしてますか？

聞いてもらえる！

なるほど（同意）

①受容　　そうだったんですか

②共感　　大変でしたね

③理解しようとする姿勢　どうしてそう思うのですか

解決

どんなことならできそう？

一緒に考えましょう

それで、どうなりましたか

04 自我と思考の障害

自分が自分であるという感覚

　自我とは、自分が自分であるという感覚です。私たちは、夜眠って朝起きたとき、昨晩の自分と今朝の自分は同じだと思えます。去年の自分と今年の自分は、考え方や行動や体格は少し変わったかもしれませんが、自分の存在そのものは変わらないと実感できます。しかし統合失調症では、**自分は一つであるという感覚がはっきりしなくなる**ために、自分と他人の区別があいまいになって、考えや行動が自分のものと思えず、自分の考えをさとられ他人の考えが入ってくるように感じる**自我障害**や**思考障害**が生じ、混乱をきたします。

　この場合の対応は、不快な気持ちに共感し安全を保証します。また、アドバイスは**具体的に、わかりやすい言葉で、一度に一つだけ伝えましょう**。簡単な文章や絵・図を描くのも、混乱を防いで考えをまとめるのに役立ちます。

解離症状

　解離とは、自分と他人との区別ははっきりつくのに、自分の記憶や考え、あるいは感覚や身体の動きが思わぬところでつながらなくなる状態です。ストレスの大きな出来事があったとき、その体験を「自分の記憶ではない」と、**自分から切り離して、心を守る**働きがあります。解離では、現実感がなく自分のやることを遠くから見ているような気がする、本来の自分とは別の人格が自分のなかに現れて行動する、めまいやふらつきなどの違和感や身体が思うように動かないなどの症状が現れます。

　対応は、訴えや行動を受け入れ、困りごとに共感して安心して話せる関係をつくります。解離がよくなるときには、不安や焦りや抑うつなど、新たな症状が出ることがあります。支援者は、安全を保障して気持ちに寄り添い、具体的な解決策を一緒に考えます。

第1章 精神科で扱う 病気や障害

第2章 精神症状と かかわりの工夫

第3章 精神疾患の 薬物療法

第4章 さまざまな 治療と支援

第5章 精神疾患のある 人へのケア

第6章 精神疾患のある 人へのケア実践

第7章 キーワードで学ぶ 精神疾患とケア

自我と自我障害

自我とは、自分に対する

1　能動性
2　単一性
3　同一性
4　自己存在の認識
　　ヤスパース（Jaspers）による

POINT

自分を統合できる
➡健康な自我
自我や思考をまとめている
感覚を失う
➡統合失調症

1 自分の考えや体は自分のもの

2 自分は1人だけ

3 時間がたっても自分は自分

4 他人と自分は違う

他人　自分　昨日の自分

自我障害に関した思考や体験の障害

自我漏洩	考えや行動が周りにもれている
考想察知	考えが他人にわかってしまう
思考伝播	考えが多くの人に伝わっている
思考途絶	考えが急に止まる、考えがなくなる
思考奪取	考えが抜き取られる
思考吹入	他人の考えが入ってくる
させられ体験	自分の意思で動いている感じがしない、誰かに操られる感じ

自我障害や思考障害があると、ささいな刺激で混乱し、現実にあった行動がとりにくくなります。支援者は「そう思ったんですね」「そんなことがあったのですね」と、その人の気持ちや感じ方を受け入れて、落ち着いた態度で接しましょう。

05 抑うつ・躁状態

うつ状態

　気持ちが落ち込んだり、楽しくなったりする気分の波は誰にでもあります。何か原因があって気持ちが落ち込むのは当然ですが、その**原因が解決しても落ち込みが長引くとき**や、何も原因がないのに強い落ち込みが続き、生活がうまくできなくなるのが**病的なうつ状態**です。過去を後悔し、現在の状態を悲観し、将来への希望もなくしてしまい、意欲が湧かずに実際の行動もできなくなっていきます。

　うつの人への対応として、症状が重いときの「頑張れ」は逆効果です。「そう思うのですね」と**考え方を受容し、つらいなかでこれまでよく頑張ったことを伝えて**、気持ちに共感します。抑うつが強いときは判断力が落ちるため、結論を短く伝え、話ができてよかったなどとこちらの気持ちを伝えます。本人のことを心配し、支えようとする気持ちを伝えることが重要です。

躁状態

　躁状態では気分が爽快になり、何でもできるような気持ちになります。不機嫌になったり、他人に対して攻撃的になることもあり、思い通りにならないときにその傾向が強まります。また、意欲が高まりすぎて、ささいな刺激やきっかけに反応し、結果を考えずにすぐ動きはじめ、休まず行動するため、社会的な問題が生じやすくなります。周りの人が、「そうじゃないですよ」と本人の考えを否定すると、本人は「わかってもらえない」と感じやすく、関係を保ちにくくなります。まず考え方や気分に共感を示し、**無理な理屈や文脈には囚われず**に、本人にとってそのとき何が利益になるのかを具体的に考えて、**とるべき行動を決められるように援助**します。

うつ状態の対応

悲観的な考え	「そう思われるのですね」と伝えて相手を受け入れる姿勢をみせるのがよい ※「そうですね」は間違った考えを強めて互いにつらくなる 　「そうじゃないよ」はわかってもらえなかったと感じさせる
本人は頑張っている	頑張ったことで気力と体力が消耗しているため「よく頑張られました」「今は休みましょう」などが有効 ※「頑張りましょう」は気持ちをつらくさせる
気持ちに共感	「大変でした」「つらかったですね」「悲しい気持ちになるのはよくわかります」
相手のできたことを正しく評価	「よく我慢されました」「よく話してくださいました」
こちらの気持ち	「心配してます」「安心しました」 「話してもらってありがとうございます」

躁状態の理解

気分が爽快になる（爽快気分）

何でもできるような気持ち（全能感）

考えの内容が次々飛ぶ（観念奔逸）

実際にはないお金や人脈を信じる（誇大妄想）

不機嫌や他人への攻撃性

ささいな刺激に反応する（易刺激性、易反応性）

思いついたらすぐ行動する（行為心迫、発動性の亢進、衝動性）

休まず行動する（行動過多）

POINT：躁状態への対応

躁状態では、発言や行動がすぐに変わるため、相手の細かい表現に囚われすぎず、やってほしいことを簡単な言葉で伝えます。

第1章　精神科で扱う病気や障害

第2章　精神症状とかかわりの工夫

第3章　精神疾患の薬物療法

第4章　さまざまな治療と支援

第5章　精神疾患のある人へのケア

第6章　精神疾患のある人へのケア実践

第7章　キーワードで学ぶ精神疾患とケア

06
不安と葛藤

動物は危険を避ける

不安や**恐怖**は、危険を避けて安全に生きていくのに役立ちます。動物は、敵に襲われるなど危ない目にあうと、そのことをしっかり覚えて、その場を避けるようになります。どうしても近づかないといけないときには、敵をすぐ見つけられるように感覚を敏感にして、いざというときすぐ逃げられるように、心臓の鼓動を高め、身体に力を入れて、緊張状態で臨みます。人間も同じで、**危険を予想すると不安や恐怖を感じて避けようと**します。しかし、人間関係を保ち、社会生活を送るためには、常に避けてばかりではいられません。不安や怖いことは避けて逃げたい、でも逃げてはいけないという状況で、どちらを取ったらよいのか迷うのが**葛藤**です。人は、何とか理由づけをして行動を選び、**日々の葛藤に折り合いをつけて暮らしています。**

対応を工夫し不安に慣れる

「不安になってはいけない」という考えが強いと、いつも自分の気持ちが気になってますます不安になり、不安になる理由ばかりを考えるようになります。まずは、生きていく上で**誰にでも必ず不安や葛藤はある、ということを意識する**必要があります。

支援者は気持ちに寄り添いながら、不安を抱えてどんなふうに暮らしているかなど、現実的な面を話題にします。できていないことだけでなく、少しでも不安が少ないときどう過ごしているかなど、そのときできていることや工夫などを聞くのです。楽に過ごすために、考え方や行動を変えてみる**認知行動療法**（➡ P.98）や、ストレスのもとを減らす環境を工夫し、自分にとって心地よいことを続けて健康的なライフスタイルをつくることも、不安や葛藤を和らげるのに役立ちます。

不安が起き、悪くなるメカニズム

動物は危険を避ける　　　　　　　　　人間は避けてばかりはいられない

安全　　　　　　　逃げたい　　　　　　安全
　　　　　　　　　逃げたい

　避ける　　　避ける　　

危険　　　　　　　　　　　　　　でも　　　　　　危険
　　　　　　　　　　　　　　　　やらなくては

　　　　　　　　　　　　　　　　　　　葛藤

　→　　→　

不安に集中
してしまう！

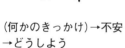

（何かのきっかけ）→不安　　　もっと悪くなるのでは、　　ますます不安になる
→どうしよう　　　　　　　　　不安になってはいけない

いろいろな考え方や行動ができると楽になる

　「どうしてそう思う？」「ほかの　　　考え方を変える→自分
　　　　　　　　　　考え方は？　ほかの人ならど　　　　　　　　　が楽になる考え方
　　　　　　　　　　う考える？」「どんなときは　　　　　　　　　行動を変える→自分に
　　　　　　　　　　楽？」「つらいときにはどうして　　　　　　　とって心地よい行動
　　　　　　　　　　る？」

第1章　精神科で扱う病気や障害
第2章　精神症状とかかわりの工夫
第3章　精神疾患の薬物療法
第4章　さまざまな治療と支援
第5章　精神疾患のある人へのケア
第6章　精神疾患のある人へのケア実践
第7章　キーワードで学ぶ精神疾患とケア

07 強迫観念・強迫行為

わかっているのにやめられない

　理屈では違うとわかっていてもやめられない考えを**強迫観念**、理不尽だとわかっていてもやめられない行動を**強迫行為**といいます。これらは何かのきっかけで始まっていて、最初は不安や恐怖の解消に役立ちますが、生活への支障が大きくなると問題です。

　手洗い強迫では「手にばい菌がついていてひどい病気で死ぬのではないか」という考えのため不安になります。手を洗うと不安は減りますが、そのうちまた不安になります。すると「手洗いが不十分だったのでは」と考えて前よりも不安になり、手洗いの時間を増やします。**不安を解消するための行動が次の不安を強めてしまい**、そのうち、**決まった行動をすること自体が目的**になって、繰り返すのが生活習慣となります。さらに、家族など周りの人も同じ習慣になるよう強要する場合もあります。

正しい知識を身につけ不安にチャレンジ

　行動を自分でコントロールできるようになるためには、皮膚には常在菌などの多くの菌がいて無菌ではないこと、常在菌は外から来た菌から身体を守るのに役立つこと、洗い過ぎで皮膚が荒れると保護機能が損なわれて感染しやすくなることなど、気になる行動に関する**正しい情報**を伝えます。次に、行動の時間や回数をあらかじめ具体的に決めて、不安な状況に挑戦し、不安を軽くするチャレンジを勧めます。**行動をやめると最初は不安が強まりますが、そのうち必ず不安は減ります。**なお、日常のストレス要因を減らし、健康的なライフスタイルをつくることも大切です。こうした方法と、不安を和らげる薬を組み合わせることもあります。従来はベンゾジアゼピン系薬剤などの**抗不安薬**、最近はセロトニンを増やすタイプの**抗うつ薬**が使われています。

強迫症状への対応例　図

手にばい菌がついてると、病気にかかって死ぬんじゃないか心配で

心配なのですね
皮膚にはよい常在菌もいますよ

それでも洗わないとばい菌は落ちませんよね

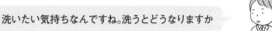
洗いたい気持ちなんですね。洗うとどうなりますか

そのときはキレイになったと思って安心しますよ。でもまた心配になります

安心するけど、また心配になるんですね
手を洗えば不安はいったん収まりますが、必ずまた悪くなります

どうしたらいいのでしょう？

手洗いをやめましょう

不安で死んでしまいますよ……

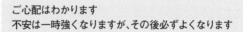
ご心配はわかります
不安は一時強くなりますが、その後必ずよくなります

本当にそうでしょうか？

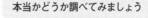
本当かどうか調べてみましょう

自信ありませんが……やってみます

よく決断されました。いつやりましょうか

第 1 章　精神科で扱う病気や障害

第 2 章　精神症状とかかわりの工夫

第 3 章　精神疾患の薬物療法

第 4 章　さまざまな治療と支援

第 5 章　精神疾患のある人へのケア

第 6 章　精神疾患のある人へのケア実践

第 7 章　キーワードで学ぶ精神疾患とケア

08

物質依存・行動依存

依存のメカニズム

人間の脳には、その人にとってよいことがあると、**ドパミン**などの神経伝達物質が出て喜びを感じるところがあります。アルコールや薬物などの**依存物質**は直接脳に作用することで、ギャンブルや買い物では行動して、「よかった」と思うとドパミンが出ます。これが続くと、いつもドパミンが多い状態を望むようになります。そのうち脳からドパミンが出にくくなって、**たくさん行動しないと満足できなくなり、行動すること自体が目的になったのが依存**です。自ら好んでやっているようにみえる行動を**嗜癖行動**といいますが、脳の働きに変化が起きていて、自分の努力ではやめられなくなっています。

病気を認めさせる考え方から健康支援へ

アルコール依存症に対して、従来の精神科医療では、お酒を全く飲まないこと（**断酒**）が勧められ、一滴でも飲むと依存の状態に戻る（**スリップ**）とされてきました。ほかの薬物依存や行動依存に対しても、基本的には完全にやめることが必要とされました。この考え方は、本人が病気を「認める・認めない」が焦点となりやすく、認めない場合は「病識がない」「まだ本人が治療を希望していない」と評価され、「もっとひどい状況になれば本人は病気を認めて治療の必要性がわかるだろう」という**底つき体験**が必要だとも考えられてきました。しかし、あまりに状況が悪くなりすぎると、身体の健康や社会生活を元に戻すことが難しくなってしまいます。そこで現在では早期介入によって、依存行動のもととなっている出来事や考え方を探り、健康を取り戻し生活を支えるための援助が工夫されるようになりました。支援者の言葉の選び方で結果は大きく変わるため、**動機づけ面接法**などの技法が開発されています。

依存の理解と動機づけ　図

依存のメカニズム

  飲酒、喫煙、薬剤、ゲームなど　　　　喜びを感じる

嫌なことを忘れる　　　　満足を得るために繰り返す　　　習慣になる（依存）

POINT

脳に関係する物質（アルコール、ニコチン、麻薬、覚せい剤など）、ゲームなどの刺激的な行動
→ドパミンやエンケファリンが出て喜びを感じる

依存への
かかわりの工夫　　お酒を飲んで楽しくなる
→ また飲みたくなる　　　動機づけ面接法の活用

依存状態への対応

NG

指導が対立を生み、間違った信念を強化する
本人　ビール1本くらい飲んでもいいでしょ
支援者　1本どころかコップ1杯でもだめですよ
本人　じゃあ半分なら大丈夫でしょ

NG

表面的な同意や否定は、不適切な行動を強める
本人　ビール1本くらい飲んでもいいでしょ
支援者　そうですねえ、楽しみでしょうから
本人　そうそう、そうなんですよ
支援者　でも、すぐまたやめられなくなってしまいますよ
本人　大げさに言うんだから、もういいよ

OK

動機づけのための、変化を促す会話
支援者　ビール1本飲むと、どんないいことがあるでしょう？
本人　おいしいし、夕食の楽しみだからね
支援者　おいしいし、楽しみにしているんですね
本人　ビール1本なら依存症じゃないでしょう
支援者　なるほど、どうしてそう思うんですか？
本人　だって少ないし、自分でコントロールできてるから
支援者　どんなふうにコントロールされているのですか？
本人　毎日飲んでるわけじゃないんだからね
支援者　そうですよね、飲まない日の夕食はどうしてるのですか？

09 食行動の障害

食べる行動のコントロール

　自分の力では食べることがコントロールできず、**食べる・食べないことが生活の中心になってしまっている障害**です。お腹が減ったので食べたい、満腹だから食べないという食欲の変化は、動物の自然な反応です。人間も同じですが、実際の食行動は自分の意思で決めることができるため、本人の気持ちや考え方などの心理的な要因と、本人を取り巻く家族や学校・職場などの生活環境といった社会的な要因が大きく影響します。

　やめたいと思っても止まらない過食や、体重に関するこだわりなど、行動や考え方が変わらないパターンには、**不適切な行動が続くメカニズム**（➡ P.126）があります。お金や時間を使い、健康や信頼が損なわれてもやめられないのはほかの**行動依存**と同じで、嗜癖行動（アディクション）に含めることもあります（➡ P.52）。

治療と支援

　痩せすぎや過剰な嘔吐などのために身体の状態が非常に悪くなってしまったときには、入院が必要なこともあります。最初は行動を制限し、食べられたら行動範囲を増やすという、段階的な行動療法がよく使われます。食行動や体重だけに注目してもうまくいかないときには、食行動が治療者や周りの人をコントロールする手段になっているのかもしれません。そこで、問題だけに注目せずに、「どうなるといいか」「そのためにどうするか」という解決行動に注目する、**解決志向アプローチ**（➡ P.98）も使われます。

　家族関係など対人関係のストレスが、最終的に本人の食行動の問題として現れていることもあります。**無関係に思えた話題が食行動の問題の解決につながることもよくある**ため、家族のなかの悩みごとなどにも気を配りましょう。

第1章　精神科で扱う病気や障害

第2章　精神症状とかかわりの工夫

第3章　精神疾患の薬物療法

第4章　さまざまな治療と支援

第5章　精神疾患のある人へのケア

第6章　精神疾患のある人へのケア実践

第7章　キーワードで学ぶ精神疾患とケア

食行動の障害の背景にある心理

痩せることが
すべて
（こだわり）

甘いものが
やめられない
（依存）

食べる行為が
止まらない
（抑うつや
ストレスなど）

特に糖質は依存の原因
となりやすい成分です。

行動が止まらないメカニズム

POINT

「食べる」「食べない」は、本人がコントロールしやすい身体の生理的な行動

解決志向アプローチの活用

過食症の本人　　　昨日もまた食べて吐いてしまった。どうしても食べるのがやめられない

NG

表面的な同意や共感 ✕

支援者　そうですか……

本　人　毎日同じです、治らない

支援者　つらいですね

本　人　本当につらいです、もう死にたいです

支援者　（こんなに悪いなんて、これ以上支援できそうにない……）

NG

励ましや一方的な提案が無力感を生む ✕

支援者　誰でも難しい日はありますよ。あきらめずにいきましょう

本　人　治療を受けてもう5年になるのに、全然治らない

支援者　先生も頑張って治療してくださってますから

本　人　治らないと意味ないじゃないですか

支援者　そうはいっても治療を続けないと治りませんよ

本　人　（続けても治っていない……）

OK

問題から離れて、解決を一緒に考える

支援者　昨日は食べてしまったんですね

本　人　そうです、ちょっといい日があっても、すぐまた食べ吐きで、全然治ってない

支援者　ちょっといい日って？

本　人　先週は調子がいい日もあったんです

支援者　ふーん、たとえば？

本　人　普通に家に帰って、ごはんを食べて、テレビを見て。そうか、その日は『内緒のコクミンショー』を見てたな

支援者　へえ、その日はほかの日と何が違うんだろうね

本　人　何だろう、楽しみかなあ

支援者　そうか、あなたの楽しめることって何だろう

10

自傷と自殺

自分を傷つけてしまう

人間は本来、自分の身体を守る行動をとるはずですが、ときに自分を傷つけてしまいます。背景には、うつ病や統合失調症などによる**感情や思考の障害**、理不尽だとわかっていてもやめられない**強迫行為**、行動習慣を変えにくい特性のある**発達障害**、**嗜癖行動**のように自ら望んでやっているようにみえる場合など、さまざまなパターンがあります。ストレス状況で悩みや不快な気分があるとき、自分を傷つけると**一時的に悩みから離れて気分が変わるというメリット**があるため、自傷を繰り返すことがあります。そのうち、自傷行為が自分の不安や葛藤を表して要求を伝えるためのコミュニケーションの手段にもなり得ます。

対応は、**やってしまった行動を責めずに**、何のためにそうしたのか、本当はどうしたかったのかという**考えや気持ちを理解して共感し**、できることを一緒に考えます。

自殺

自殺は**自死**ともいい、直面した問題に対処できなくなり、解決の手段として死しか選べなくなってしまったときに起きます。人間は社会のなかで何かしらのつながりがあり、死にたい気持ちがあっても、**周囲の人との関係が助けになって希望を回復し**、思いとどまっています。しかし、それよりも死にたい気持ちが上回ると、実際の行動に至ります。自殺は不況や失業率などの社会現象にも影響され、近年は減少傾向でしたが、新型コロナウイルスによる社会環境の変化により2020年には増加しました。

自殺のサインを察したら、気持ちに共感し、そこに至るまで何があったのかを理解して、環境の調整が必要です。最近は1次予防に力が入れられています。

自傷行為の特徴と対応　図

第1章　精神科で扱う病気や障害

第2章　精神症状とかかわりの工夫

第3章　精神疾患の薬物療法

第4章　さまざまな治療と支援

第5章　精神疾患のある人へのケア

第6章　精神疾患のある人へのケア実践

第7章　キーワードで学ぶ精神疾患とケア

自分を傷つけることで
精神的な安定をはかる

自傷行為を
繰り返すようになる
➡常習化

自尊心が低い
自己否定的

自傷行為を責めず、苦しい気持ちに寄り添い、話を聞いて、
一緒に考えていく姿勢が大切です。

自殺者の推移

自殺者数　

2009年3万2845人　→　2019年2万169人　→　2020年2万1081人

10年連続で減少　　　　　増加！

自殺予防の3段階

第1次予防 （プリベンション）	プリベンション（事前対応）では、自殺につながりやすい原因を取り除いたり、教育をすることによって、自殺につながることを予防する
第2次予防 （インターベンション）	インターベンション（危機介入）では、そのときまさに起きつつある自殺の危険を早期に発見して、介入し、自殺が起きることを防ぐ
第3次予防 （ポストベンション）	ポストベンション（事後対応）とは、自殺が起きてしまった場合に、遺された人へのケアを行って、心理的な影響をできる限り小さくとどめること。負の連鎖を起こさないためにも重要な概念

11

暴力・虐待

暴力の性質

　動物は、敵に会うとびっくりして逃げるか、命を守るために戦おうとします。人間も、他人への配慮ができないときには、相手を驚かせ自分が優位になるように、暴れるなどの原始的な行動をとろうとします。精神疾患との関連では、統合失調症などの思考障害や不適切な感情表出、躁うつ病などの感情障害、知的障害や発達障害で大人のコミュニケーション力が発達していない場合には、暴力が出やすくなります。「暴力は病気のせいだから仕方がない」と解釈するのではなく、その背景を探り、**そうなってしまった気持ちを理解し**、本当はどうしたかったのか、どうなるといいのか、どうすると望む結果に近づくのかといった、**現実的な解決を目指して支援**します。

虐待の種類と連鎖

　虐待には、叩く・蹴るなどの**身体的虐待**、脅しや無視などの**心理的虐待**、お金を与えないなどの**経済的虐待**、本人が同意しない性的な行為を強要する**性的虐待**があります。子どもを学校に通わせない、認知症高齢者の世話をせずサービスを受けさせないといった、放棄や放任（**ネグレクト**）も虐待の一つです。いずれも立場の弱い人が、身体への暴力や言葉、態度によって、**心身の健康を傷つけられている状態**をいいます。

　虐待を受けた人は心の大きな傷（トラウマ）を負い、その結果として、似たような状況に意図的に身を置こうとしたり、**自分がされたのと同じ行動を他人にしたりする**など、自分や家族などの他者に対して虐待を繰り返してしまうことがあります（**虐待の連鎖**）。この行動は自分ではコントロールしにくいため、**トラウマインフォームドケア**などの適切な支援が必要です（➡ P.150）。

暴力の背景にある病気や障害の特性

統合失調症	自我障害や感覚過敏のため、ささいな刺激に過剰に反応し、身を守るための暴力
うつ病	自分に価値を感じられない、悲観的に考える→自殺などの自分に向けた暴力
双極性障害	行為心迫があり衝動が押さえられない 全能感で他者を支配しようとする
強迫性障害	強迫観念による不安の解消のために身近な人を巻き込み、従わない人に暴言
認知症	抑制が効かなくなり衝動的になる 認知機能障害のため、現実認識があいまいになり混乱
ADHD	目先の出来事や、環境刺激に反応しやすい
自閉 スペクトラム症	行動が変わりにくいという元来の特性 興奮したら要求が通った、といった不適切行動の学習の結果、暴力を維持・強化

虐待の種類

身体的虐待	殴る、蹴る、叩くなどの、身体に傷や痛みを与える暴力
心理的虐待	脅し、罵倒、無視などの、言葉や態度で心に苦痛を与える
経済的虐待	お金などの財産の使用制限や搾取
性的虐待	身体への接触、言葉、環境により、本人が同意しない性的な行為を強要
放棄や放任	世話をせず、学校やサービス利用を妨げて、発達や健康を損なわせる

第1章　精神科で扱う病気や障害
第2章　精神症状とかかわりの工夫
第3章　精神疾患の薬物療法
第4章　さまざまな治療と支援
第5章　精神疾患のある人へのケア
第6章　精神疾患のある人へのケア実践
第7章　キーワードで学ぶ精神疾患とケア

12 知的障害・発達障害の行動障害

行動障害が起きるわけ

　知的障害や発達障害とひと言でいっても、行動の特徴は人によって大きな差があります。状況に合わせた行動ができずに本人が戸惑い、困りごとや気持ちをうまく伝えられないと、大声や暴力などの衝動的な行動が出やすくなります。そして、周りの人が困るような行動や、自傷や不衛生なふるまいなどの、**自分の健康を害する行動が続いてしまっているのが行動障害**です。

　行動障害に対し、適切な支援がないと、本人は他人とのかかわり自体が不快になって支援を避けようとします。それが本来の特性だと周りの人が勘違いすると、不適切な行動がさらに長引いてしまいます。

強度行動障害と対応

　強度行動障害とは、自分の身体を叩く、食べられないものを口に入れる、高いところから飛び降りようとするなどの、本人の健康を大きく損ねてしまう行動や、他人を叩く、物を壊す、大声を出す、こだわり行動が何時間も続くなどの、**周りの人が対応に困り、通常の社会生活が続けられなくなってしまう行動**をいいます。

　対応は、本人の混乱を防ぐことが有効です。音や視覚刺激を減らすなどの工夫をし（**環境調整**）、予定表づくりや、予定通りいかないときの対処をあらかじめ決めておくなど、見通しをつきやすくして計画的に対応（**構造化**）します。本人の行動を変えるには、問題となっている行動が起きやすい状況、直接のきっかけ、行動が起きた後の結果を細かく分析して（➡ P.126）、行動が生じたり、続いている理由を探ります。そして、本人の特性に応じて得意なところを伸ばして、**社会的に受け入れられやすい行動を強化**します。

第1章　精神科で扱う病気や障害

第2章　精神症状とかかわりの工夫

第3章　精神疾患の薬物療法

第4章　さまざまな治療と支援

第5章　精神疾患のある人へのケア

第6章　精神疾患のある人へのケア実践

第7章　キーワードで学ぶ精神疾患とケア

強度行動障害

本人の健康を損ねる行動

自傷　自分の身体を叩く、ひっかく、髪の毛を抜く、爪などを剥ぐ
異食　食べられないものを口に入れる
衝動的な行動　高所から飛び降りる、急に道路に飛び出す

周囲の人が困る行動

他害　他人を叩く
暴力　物を投げる、壊す
衝動的な行動　急に走り出す、大声を出す
こだわり行動　特定の物や行動に対する強いこだわり（トイレの水を流し続けるなど）

不適切な行動の細かい分析

①状況

予想と違うことが発生！

きっかけは……？　苦手な作業、イメージと違う、飽きてきた、など

②行動

かんしゃく

行動を細かく観察

③結果

注目してもらえた作業をやめられた

その結果どうなった？

④環境

まわりの状況は？

POINT

状況と行動、結果に加えて環境まで分析し、適切な対応を考える
（➡P.127）

⑤対応　　落ちつける環境で本人の得意な作業をしてもらい、できたら褒める

13
認知機能障害・
高次脳機能障害

認知機能障害と対応

　人が何かに取り組むときには、情報を得る→覚える→理解する→計画を立てる→やってみる→振り返る→繰り返す、という細かい段階があります。認知機能とは、この一連の過程をコントロールしている脳の働きをいい、いくつかのことを同時に行う、全体のバランスを考えて要領よく行うといった、生活のさまざまな場面で求められる能力です。そして、この過程のどこかが部分的に障害されたのが**認知機能障害**です。

　対応は、一連の過程のうちどこが難しいのかを細かく観察し、実際の生活に役立つリハビリテーションの計画を立てます。機能の回復には時間がかかるため、**少し努力すればできる小さな目標を決め、少しずつ成果を積み重ねます**。機能回復が難しいところは、生活の質の維持のために、部分的に手伝うなどの補助手段を使って支援します。

高次脳機能障害と対応

　脳には、手や足を動かすところや判断するところなど、たくさんの機能があります。記憶や判断、実行などの認知機能を含めて、人間の複雑な知覚や行動をコントロールする脳の働きを**高次脳機能**といいます。これが障害されたのが**高次脳機能障害**ですが、特に脳卒中や事故などで脳が直接ダメージを受けて、判断や記憶の障害が起きたときに、よくこの表現が使われています。**失語**や**失行**、**失認**がよくある症状ですが、明らかな症状があっても自分では全く気づかないことを**病態失認**といい、**症状を指摘されると説明のために現実に合わない妄想的な理屈を話し始める**ことがあります。統合失調症でも自分が病気だとわからないことがあり、病態失認として説明できる面もあります。

認知機能障害の種類と対応　図

第 1 章 精神科で扱う 病気や障害

第 2 章 精神症状と かかわりの工夫

第 3 章 精神疾患の 薬物療法

第 4 章 さまざまな 治療と支援

第 5 章 精神疾患のある 人へのケア

第 6 章 精神疾患のある 人へのケア実践

第 7 章 キーワードで学ぶ 精神疾患とケア

いろいろな認知機能障害

知覚
視覚、聴覚、身体の
バランスなどの
情報を脳で
感じる

注意
必要な情報に
集中し、関係ない
ことは後回し

記憶
やるべきことを
覚えておき、
今までの記憶と
比べる

実行機能
まずやることを
決めて実行し、
うまくいかない
ことはすぐ修正

これらの機能が障害されたときの対応

認知適応法　環境を整え、認知機能障害を補って生活しやすくする方法
例　予定や手順のメモを貼っておく、タイマーを使う、予定の前に通知する

> 9月15日(木)
> 7:00 起きる
> 30 朝ごはん
> 8:00 歯みがき
> 着がえ
> 9:00 東町デイサービス

認知矯正法　記憶や判断などの神経認知機能を直接改善させる方法
例　目的にあったパソコンゲーム、脳トレ用のドリル、言葉遊びゲーム

高次脳機能障害

記憶障害
忘れっぽくなり、新しい
ことを覚えていられない

注意障害
ミスが多くなり、物事に
集中できない

失語
言葉の理解や正しく
話すことができない

失認
目では見えているの
に認識できない

実行機能障害
目的に合った行動を正し
く始められない・続けら
れない

社会的行動障害
行動や言動、感情をその
場の状況に合わせてコン
トロールできない

失行
まとまった行動がで
きない

> 日常生活・社会生活に制約がある状態が高次脳機能障害です。

14

不眠

不眠のメカニズム

人間には自然な**体内リズム**があり、朝起きて太陽の光を浴びると目が覚めて、14～16時間後に眠くなるようにできています。また、起きてから食事をとり運動すると、身体もしっかり活動を始めます。誰でもなかなか寝つけず睡眠不足になってしまうことはありますが、夜眠れなかったからといって、**午前中ゆっくり寝て睡眠を補おうとすると、その夜は寝つきが悪くなって睡眠リズム**が悪くなります。

眠くないのに布団に入ると、眠れないことが気になりすぎて、ますます眠れなくなります。そのうち、本当に眠いときでも、布団に入るという行動で目が冴えてしまうようになります。寝つくまでの間に布団のなかでスマートフォンなどを見ていると、さらに眠れなくなり、それが習慣になって**不眠**が治りにくくなります。

生活習慣の見直しが必要

毎朝決まった時間に起きて明るい光に当たること、起きたらおいしいお茶を飲むなど楽しいことをして、できれば朝食をとり、日中はよく身体を動かし、夜は明るすぎる照明やスマホを見つめることはやめて、**寝床には眠くなってから入る**ことが大切です。

コーヒーやウーロン茶、栄養ドリンクなどに入っている**カフェイン**は、目を覚ます覚醒作用があるので、夕方以降は控えましょう。タバコの**ニコチン**も脳を刺激します。トウガラシは、食べすぎると体温を高めて眠りにくくなります。アルコールは寝つきをよくしますが、睡眠を浅くして質を悪くしてしまい、眠るために飲酒を続けていると**依存症**の原因となります。ストレッチ運動や、心配ごとやストレスにうまく対応する方法を取り入れて、身体と心のリラックスができるとよい眠りにつながります。

不眠が続く理由と対応　図

第1章　精神科で扱う病気や障害

第2章　精神症状とかかわりの工夫

第3章　精神疾患の薬物療法

第4章　さまざまな治療と支援

第5章　精神疾患のある人へのケア

第6章　精神疾患のある人へのケア実践

第7章　キーワードで学ぶ精神疾患とケア

不眠のメカニズム

POINT：不眠へのかかわりの工夫

間違った知識や習慣を改める

夜は熱い風呂に入って身体をよく温める　→　ぬるめ（38〜40℃程度）のお風呂に入り、副交感神経を高めてリラックスする

毎日8時間眠るのがよい　→　時間ではなく、ぐっすりと眠る、睡眠の質が大事

夜寝つきが悪かったので、朝は遅くまで眠る　→　起床時間を一定にすると身体のサイクルがよくなり、夜に眠気が起きやすくなる

早めに寝床に入り、眠くなるまでスマートフォンを見る　→　寝る前にブルーライトの刺激を受けると眠りが妨げられるので、パソコンやスマートフォンは控える

よい睡眠習慣のつけかた

朝　同じ時刻に起きる・朝日を浴びる・朝食をとる
　　朝起きたら楽しみがあるようにする

昼　身体を動かす
　　昼寝は午後3時まで、30分以内がよい

夕　就寝の5時間前からカフェインやアルコールをやめる　※禁煙はよい方法！
　　激しい運動、熱いお風呂、トウガラシなどの刺激物は避ける

夜　明かりを暗くし静かな部屋でリラックス
　　眠くなってから布団に入る＝寝る時間が少し遅くなってもよい
　　布団のなかでは眠るだけ＝ほかのことはやらない

第2章参考文献

- 原田誠一「正体不明の声ハンドブック─治療のための10のエッセンス第3版」アルタ出版、2009.
  http://www.ar-pb.com/files/s_handbook.pdf
- メアリー・E・コップランド、松浦秀明訳「うつ・躁回復ワークブック─自分で記入し、自己コントロールするためのプログラム」保健同人社、2001.
- 大野裕「こころが晴れるノート─うつと不安の認知療法自習帳」創元社、2003.
- 中谷江利子、加藤奈子、中川彰子「強迫性障害（強迫症）の認知行動療法マニュアル（治療者用）」日本不安症学会、2016.
  https://jpsad.jp/files/JSARD_manual_ocd.pdf?1649017693
- ウイリアム R. ミラー、ステファン・ロルニック、松島義博、後藤恵訳「動機づけ面接法─基礎・実践編」星和書店、2007.
- バーバラ・マクファーランド、児島達美他訳「摂食障害の「解決」に向かって─ソリューション・フォーカスト・ブリーフセラピーによる治療の実際」金剛出版、1999.
- 一般社団法人日本いのちの電話連盟：https://www.inochinodenwa.org/
- 厚生労働省「自殺後に遺された人への対応」
  https://www.mhlw.go.jp/bunya/roudoukijun/anzeneisei12/pdf/03_0042.pdf
- ロバート・D. フリードバーグ、バーバラ・A. フリードバーグ、レベッカ・J. フリードバーグ、長江信和他訳「子どものための認知療法練習帳」創元社、2006.
- 独立行政法人国立重度知的障害者総合施設のぞみの園：強度行動障害支援初任者養成研修プログラム及びテキストの開発について．平成25年度障害者総合福祉支援推進事業
  https://www.mhlw.go.jp/stf/seisakunitsuite/bunya/0000068287.html
- 高次脳機能障害研究会「やってみよう!こんな工夫 高次脳機能障害への対応事例集」エンパワメント研究所、1999.

精神疾患の薬物療法

01

薬を飲むのは何のため

今ある症状を軽くする

薬は病気を治すために飲みますが、それ以外にも役割があります。病気のはじめの時期には、**症状を軽くする**ために使われます。多くの抗不安薬や睡眠薬は、飲んで30分くらいから効きはじめて、数時間から1日程度効果が続きます。目立っている症状を鎮めて気力や体力の消耗を抑え、**人が本来もっている病気を治す力を出しやすくする**ことが目的です。感染症のときに使われる解熱鎮痛薬も、それ自体は細菌やウイルスをやっつける作用はありませんが、同じ目的で使われます。一方、統合失調症の薬や抗うつ薬は、**2週間ほど飲み続けると次第に効きはじめ**、数か月で本来の効果が出ます。

悪化や再発、合併症を防ぐ

精神科の病気をはじめ、症状がしばらく続く病気では、**悪化を防ぐ**ことも薬の役割です。症状があっても、薬でよい状態を保つことで健康に過ごせる時間が長くなり、仕事や学業を含めてふだんの生活が送れるようになります。このときに、「もう薬は必要ない」「効いている気がしない」などの理由で自己判断し、急に薬をやめてしまうと、症状が余計に悪くなることや再発につながります。特に、統合失調症や感情障害では、薬をやめてしまうと再発しやすいことがわかっています。再発を防ぐ方法はたくさんありますが、薬を飲み続けることは最も効果のある方法の一つといえます。

また、薬には**合併症を軽くする**効果もあります。例えば高血圧や脂質異常症では、薬を飲み続けると動脈硬化や脳卒中などの合併症を予防できます。

病気を根治する（抗生物質、抗ウイルス薬）

症状を軽くする　　　　　　　自己治癒力を引き出す

悪化を防ぐ　　　　　　　　　再発を防ぐ

合併症を防ぐ

再発を防ぐ方法

1
正しい知識
精神疾患の症状や経過を正しく知る

2
**ストレスに
うまく対処する**
ストレスのもとを知る、自分のストレスの現れ方を知る、ストレスを軽くする方法を知る

3
よい対人関係
頼ることのできる人をつくる、人づきあいのコツを知る、自分の考えをうまく伝える、相手にうまく対応する

4
**気持ちを楽にする
考え方**
結論を決めつけず多くの面を考える、できていることに注目する、どうしたらいいか考える

5
よい生活習慣
睡眠習慣、食生活、運動習慣

6
正しい服薬
自己判断で急にやめない

7
**周りの人の
対応の工夫**
正しい知識、障害特性に応じた支援、社会の一員として役割があることを認識する

第1章　精神科で扱う病気や障害

第2章　精神症状とかかわりの工夫

第3章　精神疾患の薬物療法

第4章　さまざまな治療と支援

第5章　精神疾患のある人へのケア

第6章　精神疾患のある人へのケア実践

第7章　キーワードで学ぶ精神疾患とケア

02

薬の効き方

飲んだことの心理的効果

　薬を口から飲んだときは、胃や腸から吸収されて効果が出るまでに20〜30分はかかります。不安で落ち着かないときに薬を飲んですぐ効いたとすると、それは薬自体の効果ではないのかもしれません。薬の本当の効果は、見た目は同じだけど効果のない薬（**プラセボ**、偽薬）と比べることで確かめられます。プラセボでも、**飲んだことで安心**したり、時間がたつことで自然に病気の症状がよくなることがあります。これに薬の本来の作用が加わることで病気が早く、よく治るのが、本当の効果です。逆に、**薬に不信感があると、飲むだけで症状が悪くなってしまうことさえあります**（**ノセボ効果**）。

薬が効くのには時間がかかる

　薬は肝臓などで分解されて、時間とともに効果が失われるため、繰り返して服用する必要があります。また、薬によって脳の伝達物質（➡ P.72）の量が変わっても、身体はすぐに元通りに戻そうとするため、伝達物質が安定した状態になるには2週間ほどかかります。最初は効かないように感じることや、治療を始めたのに症状が悪くなるようなこともありますが、**効果は数週間の経過をみて判断**します。

　人間の考え方は直前のことに影響されやすいものです。薬を飲んでよくなれば単純にその薬だけの効果と考え、薬を変えてもよくならないとダメな薬とか、前の薬のほうがよかったと考えがちです。そのために、**ポリファーマシー**といって不適切な組み合わせの薬の処方がいつまでたっても変わらないことがあります（➡ P.92）。薬の効果を正しく評価するには、短くても数週間など期間をあらかじめ決めて、**症状だけではなく、本人や周囲の人の心理状態や生活環境も必ず評価**しましょう。

プラセボ効果とノセボ効果　図

プラセボ効果

ノセボ効果

この薬は効かないと思い込んでいたり、医療者への不信があったりすると、せっかくの薬の効果が減少します。

> **POINT**
>
> 多くのサプリメントや健康食品では「○○を飲んで病気が治った！」と宣伝されるが、厳密な試験がないため、本当に効果があったかどうかはわからない

精神科あるある「処方がもとに戻ってしまう理由」

薬が効かない	薬を変える	もっと悪くなった
新しく追加した薬がダメ・前の組み合わせがよかった！		もとの処方に戻る

第1章　精神科で扱う病気や障害
第2章　精神症状とかかわりの工夫
第3章　精神疾患の薬物療法
第4章　さまざまな治療と支援
第5章　精神疾患のある人へのケア
第6章　精神疾患のある人へのケア実践
第7章　キーワードで学ぶ精神疾患とケア

03 脳の伝達物質

神経伝達物質

脳はたくさんの神経でできていて、身体の動きや感情など、人間のあらゆる活動をコントロールしています。神経の働きを調整するホルモンのことを**神経伝達物質**（伝達物質）といいます。神経伝達物質は、人間以外の動物にもあって、敵に襲われそうになったら**アドレナリンやノルアドレナリン**が増え、心臓の鼓動が早まり、筋肉に力が入って、すぐに逃げられるようになるなど、**生きていくための基本的な活動に関係**しています。

神経伝達物質は、毎日身体のなかでつくられては分解され、決まった量が保たれていますが、ストレスや病気によって量が増えたり減ったり、働きが強くなったり弱くなったりすると、さまざまな症状に関係します。

脳に働く薬の分類

神経伝達物質は、精神疾患の症状に影響します。例えば、**ドパミンは好奇心や喜びに関係**し、増えすぎると感覚が過敏になり思考がまとまらなくなって、統合失調症の原因となります。**セロトニンは安らぎやリラックスに関係**し、減りすぎるとうつ病や不安症の原因になります。

脳に働いて精神の状態に影響する薬を、まとめて**向精神薬**といい、薬の特徴や使われる病気ごとに種類が分けられています。**抗精神病薬**はドパミンの働きを減らす薬で統合失調症の治療に使われ、一部は双極性障害やうつ病にも使われます。**抗うつ薬**はセロトニンを増やす薬で、うつ病や強迫症、パニック症の治療にも使われます。そのほか、不安症に使われる**抗不安薬**、不眠症に使われる**睡眠薬**などがあります。

神経伝達物質と精神科の薬　図

神経伝達物質

伝達物質でほかの
神経細胞と連絡を
とっている

神経細胞

脳

精神疾患に関係する神経伝達物質

伝達物質	関係する脳や身体の働き	関係する病気や状態の例
ドパミン	面白い、うれしい 喜び、新しいことに興味をもつ	統合失調症、ADHD
セロトニン	危ないことを避ける、安らぎ	うつ病、パニック症、 強迫症、社交不安障害
ノルアドレナリン	敵から逃げる、頑張る、意欲	うつ病、双極性障害、 興奮
ギャバ	休憩、神経の興奮を抑える 不安を抑える、眠る	不安障害、不眠、てんかん
ヒスタミン	目を覚ます、アレルギー、分泌	食欲、眠気、炎症
コリン	記憶、腸の動き、分泌	認知症、便秘、口や目の乾き
グルタミン酸	細胞の興奮、記憶、学習	てんかん、認知症

ホルモンとは、ごくわずかの量で、
身体の働きを調整する化学物質のことで、性ホルモンや
甲状腺ホルモンなどがあります。

精神科の薬（向精神薬）の分類

抗精神病薬
統合失調症

抗うつ薬
うつ病、強迫性障害、
パニック症

精神刺激薬
注意欠如・多動性障害（ADHD）、
ナルコレプシー

＝
精神科で治療の
中心となり、よく
使われる薬

**抗パーキンソン
病薬**
副作用を減らすため
服用、うつ病

**気分安定薬、
躁病治療薬**
双極性障害
（躁うつ病）治療の補助薬

抗不安薬
不安障害

抗てんかん薬
てんかん

睡眠薬
睡眠障害

抗酒薬
アルコール依存症

**認知症治療薬、
脳循環改善薬**
認知症、脳血管の
病気

一つの薬が複数にわたって分類されることもある

第1章 精神科で扱う病気や障害

第2章 精神症状とかかわりの工夫

第3章 精神疾患の薬物療法

第4章 さまざまな治療と支援

第5章 精神疾患のある人へのケア

第6章 精神疾患のある人へのケア実践

第7章 キーワードで学ぶ精神疾患とケア

04 抗精神病薬

統合失調症の薬

　抗精神病薬はドパミンの働きを減らし、統合失調症の治療に使われます。主に幻覚や妄想などの**陽性症状に効果があり**ます。以前はメジャートランキライザー（強い安定薬）といわれ、効き目の強さと誤解されやすいのですが、単純に強い作用がある薬というわけではありません。どの薬も効き目は似ていますが、副作用が違います。古いタイプの薬は、身体のこわばりや手のふるえなどの副作用が出やすいため、ちょうどよい量に調整するのが難しいのですが、**リスペリドン**とその後に発売された薬（**非定型抗精神病薬、新規抗精神病薬**）は副作用が少なく、調整が容易です。**アリピプラゾール**などの新しい薬は、ドパミンの作用を程よく減らすので、さらに副作用が少なくなっています。一部の薬はうつ病やせん妄の治療にも使われています。

さまざまな形状の薬が開発されている

　飲み薬には通常の錠剤だけでなく、腸で徐々に溶けて1日1回の服薬でよい徐放錠剤、口のなかですぐ溶けて飲みやすいOD錠（orally disintegrating tablet）、飲み込まず舌の下から吸収される舌下錠、粉薬、液剤、身体に貼るテープ剤、2週間から3か月の間効果が続く注射などが開発されています。どの薬でも効果がよく出る人は6〜7割くらいで、効かなかったら別の薬に変えます。何回か変えても効かなかったら、**クロザピン**という薬を使います。効果は出やすいのですが、副作用で血液の白血球が減ることがあるため、定期的に血液検査をします。薬が効きにくい統合失調症やうつ病の治療には、頭の表面から脳に数秒間だけ電気を流す**修正型電気けいれん療法（mECT）**があります。身体がけいれんしないように、手術室で麻酔をかけて行われます。

抗精神病薬の種類と副作用　図

抗精神病薬の種類

古くからあるもの	クロルプロマジン、ペルフェナジン、ハロペリドール
少し新しいもの	リスペリドン、オランザピン、クエチアピン、ペロスピロン(ルーラン)、ブロナンセリン(ロナセン)
最近市販された薬	アリピプラゾール(エビリファイ)、ブレクスピプラゾール(レキサルティ)、アセナピン(シクレスト)、ルラシドン(ラツーダ)

※リスペリドン以降に使われるようになった薬を非定型抗精神病薬という。(　)内は商品名

抗精神病薬の副作用

効き目が強すぎる	眠気、だるい、意欲が出ない
錐体外路症状	パーキンソン病のような症状 手のふるえ、身体のこわばり、しゃべりにくい、眼球上転(目が上を向いてしまう)
代謝や循環障害	糖尿病、肥満、低血圧、不整脈、性機能障害

修正型電気けいれん療法

脳に数秒間電気を流して、精神状態を改善する治療

> **POINT**
>
> 重度のうつ病や薬が効かなかった場合には、修正型電気けいれん療法が行われることがある

第1章　精神科で扱う病気や障害
第2章　精神症状とかかわりの工夫
第3章　精神疾患の薬物療法
第4章　さまざまな治療と支援
第5章　精神疾患のある人へのケア
第6章　精神疾患のある人へのケア実践
第7章　キーワードで学ぶ精神疾患とケア

05 抗うつ薬

うつ病や不安症の薬

　抗うつ薬は**セロトニン**を増やす薬で、うつ病の治療に使われます。セロトニンは不安など、うつ以外の症状にも関係しているので、抗うつ薬のなかには、不安症や強迫症、月経前緊張症、線維筋痛症、慢性疼痛、子どもの夜尿症に使われる薬もあります。古くからある抗うつ薬を**三環系抗うつ薬**や**四環系抗うつ薬**といい、セロトニンだけを増やす薬は **SSRI** といいます。セロトニンに加えてノルアドレナリンも増やす薬は **SNRI** といわれ、意欲が出ないなどの症状に効きやすいとされています。また、NaSSA というノルアドレナリンを増やす作用のある比較的新しい薬もあります。

　ドパミンに関係する抗精神病薬のなかには、少量で使うとうつに効果が出る薬があります。古くからスルピリドはうつ病の治療に使われており、最近では、抗うつ薬だけでは治りにくいうつ状態にアリピプラゾールが処方されることもあります。

抗うつ薬の副作用

　古くから使われてきた三環系抗うつ薬はよく効き、薬剤費も安いため今も使われていますが、伝達物質である**コリン**や**ヒスタミン**を減らしてしまうため副作用が強く、眠気、口渇、便秘、頻脈、排尿障害、起立性低血圧が出やすいのが欠点です。だるくなり、考えがうまくまとまらず、集中力が落ちてしまうなど、**もともとのうつ病の症状と区別が難しい副作用**もあります。最近では、抗うつ薬のせいで感情が鈍ってしまうこと（感情のブランティング）も問題となっています。SSRI や SNRI は副作用が少ないのですが、セロトニンが増えすぎることによって吐き気を催したり、急に服薬をやめると気持ちが不安定になるなどの症状が出ることがあるため、量の調整は慎重に行います。

第 1 章　精神科で扱う病気や障害

第 2 章　精神症状とかかわりの工夫

第 3 章　精神疾患の薬物療法

第 4 章　さまざまな治療と支援

第 5 章　精神疾患のある人へのケア

第 6 章　精神疾患のある人へのケア実践

第 7 章　キーワードで学ぶ精神疾患とケア

抗うつ薬の種類

三環系抗うつ薬	昔からある薬でうつ病に効果がある 副作用が強いため調整が難しい
四環系抗うつ薬	主にノルアドレナリンを増やして、意欲低下などに効く
SSRI (Selective Serotonin Reuptake Inhibitor) 選択的セロトニン再取り込み阻害薬	脳のなかのセロトニンを増やす うつ、不安に効果がある 不安障害や強迫性障害にも使われる
SNRI (Serotonin and Nor-adrenaline Reuptake Inhibitor) セロトニン・ノルアドレナリン 再取り込み阻害薬	SSRIの効果に加えて、ノルアドレナリンも増やすことで、意欲の低下にも効く 慢性疼痛などの痛みにも効果がある
NaSSA （ノルアドレナリン作動性・ 特異的セロトニン作動性抗うつ薬）	NaSSAは、ノルアドレナリンとセロトニンを調整する作用や抗ヒスタミン作用がある 比較的短期で効果を発揮する場合がある

抗うつ薬の副作用

	三環系抗うつ薬	SSRI、SNRI、NaSSA
効果	抗うつ作用	抗うつ作用
副作用	抗コリン作用 便秘・口渇・尿閉 眼調節障害 記銘力障害・せん妄 α遮断作用 低血圧・頻脈 抗ヒスタミン作用 眠気・肥満・過鎮静	副作用が少ない 十分な量を使いやすい セロトニンによる胃腸症状 悪心・嘔吐・下痢

06

気分安定薬

気分の過剰な波を予防する薬

気分安定薬は、**双極性感情障害**（躁うつ病、双極性障害、双極症）の気分の波を抑えるのに使われます。躁状態やうつ状態の治療と、再発予防に役立ちます。

躁状態の気分の高まりや行動を抑えるためには、**炭酸リチウム**が使われますが、うつ状態には効きにくく、量が多すぎると中毒症状が出るなど調整が難しいことや、腎臓に副作用が出やすいなどの欠点があります。そこで、てんかんに使う薬である**バルプロ酸**や**ラモトリギン**、**カルバマゼピン**が、気分安定薬として使われるようになりました。そのほかにも、保険診療で認められる範囲外ではありますが、**クロナゼパム**などの抗てんかん薬が使われることもあります。

抗てんかん薬がなぜ気分安定作用があるか、はっきりとはわかっていません。細胞のなかにナトリウムやカルシウムが入っていくのを抑えることで、神経活動の興奮を抑える作用があることが、その理由の一つとして考えられています。

抗精神病薬の気分安定作用

双極性感情障害のうつ状態では、**抗うつ薬だけで治療すると躁状態を起こしやすくなり**、それを繰り返すと気分の波が起こりやすくなってしまうため、抗うつ薬はあまり勧められていません。代わって、抗精神病薬のうち**オランザピン**や**クエチアピン**が、うつ状態の治療や再発予防のために使われます。

アリピプラゾールは、量を増やして使うと躁状態、減らして使うとうつ状態に効果があります。また、子どもの自閉スペクトラム症で、刺激に過敏になるのを抑えるために少しだけ使われることもあります。

第1章　精神科で扱う病気や障害

第2章　精神症状とかかわりの工夫

第3章　精神疾患の薬物療法

第4章　さまざまな治療と支援

第5章　精神疾患のある人へのケア

第6章　精神疾患のある人へのケア実践

第7章　キーワードで学ぶ精神疾患とケア

気分安定薬のイメージ

気分安定薬

躁とうつを本来の状態にとどめる！

躁状態　　　うつ状態　　　普通

気分安定作用のある抗てんかん薬や抗精神病薬

抗てんかん薬	・カルバマゼピン（テグレトール）…躁病、躁うつ病※の躁状態、統合失調症の興奮状態 ・バルプロ酸（デパケン）…躁病と躁うつ病※の躁状態 ・ラモトリギン（ラミクタール）…双極性障害

※添付文書による効能・効果より

抗精神病薬 （非定型抗精神病薬）	・オランザピン（ジプレキサ）…双極性障害の躁状態、うつ状態 ・アリピプラゾール（エビリファイ）…双極性障害、うつ病（抗うつ薬と併用） ・ルラシドン（ラツーダ）…双極性障害におけるうつ状態

（　）内は商品名

POINT：気分安定薬等の副作用について

炭酸リチウムは量が多いときの中毒症状（手のふるえ、意識障害）、長く服薬したときの腎機能障害。バルプロ酸は肝機能障害。抗てんかん薬は眠気やふらつき。抗精神病薬は眠気やだるさ、手のふるえなどの錐体外路症状が出る

07

抗不安薬

不安を和らげる薬

　人間が生きていく上で不安は必ずありますが、それを少しでも和らげようとして、さまざまな薬がつくられてきました。その最初はアルコールで、飲むと心の抑制がとれて不安の解消に役立ちます。しかし、肝臓や脳神経の働きを悪くする上に依存になりやすく、一度に飲み過ぎると急性中毒のため命にかかわるという大きな問題があります。

　1940年代からは、**フェノバルビタール**や抗ヒスタミン薬が、不安や緊張を抑えるために使われるようになりました。しかし、アルコールと同じように、不安だけでなく脳全体の働きも抑えてしまうため、依存や認知機能低下、身体への影響などの、強い副作用が問題となりました。

ベンゾジアゼピン系薬剤

　ジアゼパムなどの**ベンゾジアゼピン系薬剤**は、脳全体の働きを抑えるのではなく、リラックスに関する伝達物質である**ギャバの働きを強めることで、不安を和らげます**。数日から数週間以内の短期間の服薬では、優れた効果があります。副作用が少なく安全とされましたが、長い間飲み続ける人の数が増えるにつれて、眠気、ふらつき、依存、認知機能障害等の副作用が目立ってきました。特に高齢者では、転倒やせん妄の原因になることもあります。そこで、セロトニンを強める作用のある抗うつ薬の **SSRI** や **SNRI** を不安に対して使うことが増えています。

　不安の治療の**基本は心理療法であり、薬はうまく組み合わせて使ったときに効果が発揮**されます。薬だけで不安を和らげようとすると、一時的によくはなりますが、考え方や環境が変わらなければまた不安は増えるため、**薬に依存**しやすくなります。

抗不安薬の効果と副作用　図

抗不安薬

成分名(商品名)	効果	主な副作用
ロラゼパム(ワイパックス) ジアゼパム(セルシン、ホリゾン) エチゾラム(デパス) ロフラゼプ酸エチル(メイラックス) ※日本でよく使われている薬	不安・緊張を 和らげる 	眠気 認知機能低下 せん妄・ふらつき 

不安を安らげるために

抗不安薬・SSRI・SNRIなど

ギャバやセロトニンの働きを高めることで、不安を弱める

呼吸を意識する

深呼吸や腹式呼吸によって、リラックス効果が得られる

考え方や行動を変える

不安を強めてしまっている自分の癖に気づき、不安が減る行動を試す

ノンカフェイン

覚醒効果のあるカフェインの摂りすぎは不安の増長につながる

第1章　精神科で扱う病気や障害

第2章　精神症状とかかわりの工夫

第3章　精神疾患の薬物療法

第4章　さまざまな治療と支援

第5章　精神疾患のある人へのケア

第6章　精神疾患のある人へのケア実践

第7章　キーワードで学ぶ精神疾患とケア

08

睡眠薬

不眠症の薬と副作用

　眠れないことは大きな苦痛で、思い通りに眠りたいという願望は誰にでもあります。古くから、不眠症の治療薬としてはフェノバルビタールなどの**バルビツール誘導体**が使われてきました。この薬は必ず効くのですが、飲み続けると睡眠の質を悪くし、呼吸や血圧を下げるなどの強い副作用があります。依存になりやすいなどの問題もあるため、今ではあまり使われません。しかし、古い薬の一つである**ブロムワレリル尿素**は、今でも市販の睡眠薬に少量ながら含まれていることがあり、依存になりやすいことや、一度に大量に飲んだときには重い副作用が出るので注意が必要です。

副作用を減らした薬

　神経伝達物質の**ギャバ**の働きを増やして睡眠を助ける**ベンゾジアゼピン系薬剤**は、古い薬と比べると副作用が少なく、多くの種類が使われています。しかし、薬を飲んだ後のことを覚えていない、集中力や判断力が下がる、日中の眠気やふらつきといった副作用があり、**高齢者では転倒や骨折、せん妄の原因**にもなります。また、薬で寝つきがよくなっても、そのあとの睡眠が浅くなってしまい、かえって目が覚めやすくなることもあります。睡眠薬は、本来は**数日から数週間だけ服薬し、もとの睡眠のリズムが戻ってきたら計画的にやめて**いきます。

　最近は、副作用を改良したベンゾジアゼピン系薬剤が使われます。さらに、神経伝達物質のうち、睡眠リズムに関係する**メラトニン**の働きを強める薬や、覚醒を促す**オレキシン**の働きを減らす薬がよく使われます。**むずむず脚症候群**や**睡眠時無呼吸症**など、特別な理由のある不眠には、原因に合わせて睡眠薬とは違う薬を使用します。

第1章　精神科で扱う病気や障害

第2章　精神症状とかかわりの工夫

第3章　精神疾患の薬物療法

第4章　さまざまな治療と支援

第5章　精神疾患のある人へのケア

第6章　精神疾患のある人へのケア実践

第7章　キーワードで学ぶ精神疾患とケア

睡眠薬の種類

とても古い薬

フェノバルビタール、
ブロムワレリル尿素

ベンゾジアゼピン系薬剤

・古くからあるベンゾジアゼピン系薬剤
　トリアゾラム、ブロチゾラム、ニトラゼパム、フルニトラゼパムなど
・欠点を改良した薬
　ゾピクロン、エスゾピクロン、ゾルピデム、クアゼパム

特定の睡眠障害の治療薬

・むずむず脚症候群
　クロナゼパム、ガバペンチン、プラミペキソール
・睡眠時無呼吸症
　アセタゾラミド
・ナルコレプシー
　メチルフェニデート、ベタナミン、モダフィニル

新しい睡眠薬

・メラトニンの働きを強める薬
　ラメルテオン(ロゼレム)、メラトニン(メラトベル)
・オレキシンの働きを減らす薬
　スボレキサント(ベルソムラ)、レンボレキサント(デエビゴ)

(　)内は商品名

睡眠薬の副作用

服薬後のことを覚えていない(健忘)
集中力や判断能力が下がる(認知機能障害)
日中の眠気(持ち越し効果)
ふらつきや転倒
(バランスの障害や筋力低下)
やめられなくなる(依存性)
薬をやめると一時的に不眠が悪くなる
(反跳性不眠)

薬を急にやめると一時的に不眠がひどくなることがあります(反跳性不眠)。これを、「不眠症がよくなっていない」と勘違いすると、薬をやめにくくなります。正しい情報を知り、正しく薬を使いましょう。

09 アルコール依存症 治療薬

断酒モデルと薬による治療

断酒モデルとは、アルコール依存症はわずかな飲酒でも依存に陥るとして、治療には飲酒を完全に断つこと、つまり断酒が必要という考え方です。基本的には自分の意思で断酒を続けるのであり、その補助に使われるのが**シアナミド**と**ジスルフィラム**です。薬を飲んでから飲酒すると、**体内でアセトアルデヒドという有害物質が増えて気持ちが悪くなる**ので、飲酒を抑えられますが、お酒が嫌いになる薬ではありません。お酒を飲んでいる人に内緒で薬を飲ませても、効果がないばかりか身体に有害です。副作用には肝機能障害があり、飲酒などによってすでに肝機能障害がある人には使いにくい薬です。

アカンプロサートは、脳の伝達物質のアミノ酸による神経の興奮を弱めて、**飲酒したいという欲求を弱めます**。既に肝機能障害がある人にも使いやすい薬です。

節酒、減酒と節酒補助薬剤

欧州やカナダなどでは、飲酒による精神・身体・社会的な損害（ハーム：harm）を減らすように援助する方法である**ハームリダクション**（harm reduction）が注目されています。断酒や違法薬物の中止自体を目標とするのではなく、本人の孤独やつらさなどの困りごとに支援者が寄り添い、解決を援助します。医療の提供だけでなく、依存性物質に対する正しい知識啓発や支援システムの整備も含んだ、総合的な方法です。

2019年から使われている**ナルメフェン**は、脳の伝達物質で喜びに関係する**オピオイド**の働きを減らし、**飲酒したときの高揚感を減らして、飲酒量を減らしやすくする薬**です。節酒の補助薬として、**動機づけ面接法**などの心理的支援と組み合わせると効果が高まります（➡ P.53）。

アルコール依存症の薬物療法

抗酒薬	シアナミド（シアナマイド）	アセトアルデヒドの分解を抑制する 飲酒すると吐き気などが出る
	ジスルフィラム（ノックビン）	
断酒に つながる薬	アカンプロサート（レグテクト）	飲酒欲求を抑制する
節酒補助薬剤	ナルメフェン（セリンクロ）	新しい薬で、飲酒量を低減させる効果がある

（　）内は商品名

アルコール依存の治療モデル

断酒	ハームリダクション （harm reduction＝損害の低減）

お酒を飲まないことを重視

健康被害を減らすことを重視

自信、信頼、社会的な役割の回復
飲酒に頼らない健康的なライフスタイル

POINT：ハームリダクション

飲酒量を減らす一方、本人の自信や生きがい、周りの人への信頼アップにつながることがいわれている

10

ADHD（注意欠如・多動性障害）治療薬

喜びを感じにくいため落ちつかない

ADHD（注意欠如・多動性障害）のはっきりした原因はわかっていませんが、原因の一つに、脳の前頭葉にある**喜びを感じる部分（報酬系）が働きにくい**とされています。そのため、学校の教室で座っているような我慢しないといけないときでも、待っている状況に満足できません。そして、何か刺激があると注意がそれ、衝動に駆られて行動してしまい、不注意や多動の症状が出るのです。

薬による治療は、前頭葉のドパミンを増やして喜びを感じやすくすることです。古くからは**メチルフェニデート**が使われていますが、覚醒作用がある薬でもあり、乱用や依存を防ぐために、ADHD 適正流通管理システムに登録された医師だけが処方できます。薬を扱う薬剤師や患者の登録も必要です。

脳の報酬系の働きを強める

アトモキセチンや**グアンファシン**などの薬も、前頭葉のノルアドレナリンなどの量を調整することで、脳の報酬系の働きを強めて症状を軽くします。薬による治療によって注意集中を高める一方、多動の問題を減らし学業や仕事などの生活をしやすくし、その上で症状を軽くするための行動管理の方法や、よい生活習慣を身につけるための工夫をしていくことも大切です。薬だけで病気を治すのではなく、**行動分析や環境調整などの心理社会的な支援**を組み合わせて対応します（➡ P.126）。

薬による治療には、症状が強いときには抗うつ薬、気分安定薬、抗精神病薬が処方されることもありますが、合併症でうつ病などがなければ補助的な目的に使われます。

第1章　精神科で扱う病気や障害

第2章　精神症状とかかわりの工夫

第3章　精神疾患の薬物療法

第4章　さまざまな治療と支援

第5章　精神疾患のある人へのケア

第6章　精神疾患のある人へのケア実践

第7章　キーワードで学ぶ精神疾患とケア

ADHDの人の脳

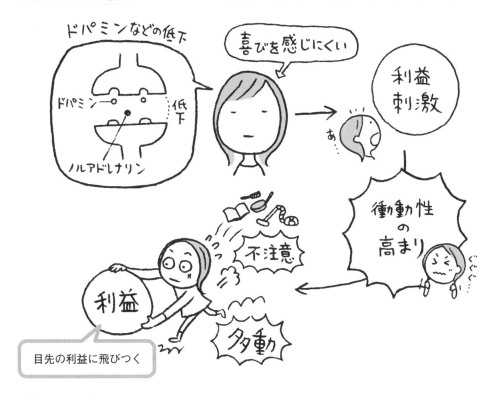

ADHDの薬

成分名（商品名）	効果	副作用
メチルフェニデート（リタリン・コンサータ）	中枢神経を刺激し、精神活動を高める	依存、イライラ、不眠、食欲減退、吐き気、体重減少、動悸
アトモキセチン（ストラテラ）	ノルアドレナリンを増やす前頭葉のドパミンも増やす	眠気、食欲減退、吐き気、体重減少、口渇、便秘、めまい、動悸
グアンファシン（インチュニブ）	報酬系を強める	眠気、低血圧、めまい、不整脈

11

認知症治療薬

認知症の進行を遅らせる薬

アルツハイマー病などの認知症の原因の一つは、脳の神経伝達物質の**コリン**が減っていくことです。**ドネペジル**などは、**コリンを減りにくくして認知症の進行を少し遅らせる薬**です。服薬がうまくできないときには、皮膚に貼るテープ剤もあります。根本的な治療薬ではありませんが、進行が遅くなると生活の変化もゆっくりになり、リハビリテーションや介護サービスを使いやすくなって、健康的な生活を送る時間が長くなります。副作用は、コリンが増えることによる吐き気などで、食べる量が減ってしまうと服薬が続けにくくなります。副作用には興奮などの行動障害もあり、認知症自体の行動障害と区別しにくいときもあります。

メマンチンは、アミノ酸の一つであるグルタミン酸によって起きる脳の興奮を減らして、神経を保護し認知症の進行を遅らせる薬です。行動障害にも多少効きますが、副作用には注意が必要です。そのほか、脳の血流をよくする薬や、ドパミンを増やすことで意欲低下に効果がある薬も使われています。

これから開発が期待される薬

現在ある薬は、認知症の進行を遅らせることはできても、病気そのものは治せません。アルツハイマー病では、脳のなかに**タウ蛋白**や**アミロイドベータ**という特殊なタンパク質が溜まるために、神経細胞が減って脳が縮んでしまうのが原因と考えられています。そこで、そのようなタンパク質がつくられにくくする薬や、分解を助ける薬が開発されているところです。まだ臨床試験で効果を確かめている段階ですが、近い将来に臨床現場で使われることが期待されています。

第1章　精神科で扱う病気や障害

第2章　精神症状とかかわりの工夫

第3章　精神疾患の薬物療法

第4章　さまざまな治療と支援

第5章　精神疾患のある人へのケア

第6章　精神疾患のある人へのケア実践

第7章　キーワードで学ぶ精神疾患とケア

	商品名	効果
①アセチルコリンエステラーゼ阻害薬	アリセプト、レミニール、リバスタッチ・イクセロンパッチ	コリンの分解を抑える。認知症の進行を緩和する
②脳循環改善薬	サアミオン、シンメトレル、ケタス	うつ症状や意欲の低下の改善
③NMDA受容体拮抗薬	メマリー	グルタミン酸の働きを弱め、神経伝達を整え、神経細胞を保護する 落ち着かせる効果も期待できる
④興奮を抑える薬	グラマリール、抑肝散	イライラや興奮を抑える

〈課題〉　①認知症の原因は未だ特定されていない
②若年性の認知症もあり、薬物の効果を検証しづらい

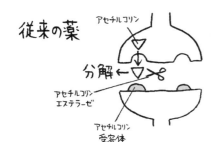

従来の薬

アセチルコリン
分解
アセチルコリンエステラーゼ
アセチルコリン受容体

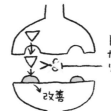

ドネペジル
ガランタミン
リバスチグミン

改善

開発中の薬

特定のタンパク質

直接働きかける

開発中の新薬

「アミロイドベータ」や「タウ蛋白」のために脳細胞が減る
（アミロイドベータ仮説・タウ蛋白仮説）

異常なタンパク質がつくられるのを抑制したり、脳から排除する薬

12

抗てんかん薬

発作を少なくする薬

てんかんの原因ははっきりしないことが多く、現在のところどの薬も根本的な治療薬ではありません。**発作の数を減らし程度を軽くすることで、脳神経の働きを安定させて発作を起きにくくする**のが、現在の抗てんかん薬による治療の目的です。古くは臭化カリウムやフェノバルビタールが使われましたが、副作用が強く量の調整が難しいのが欠点です。これらより副作用が少ないフェニトイン、**バルプロ酸**、**カルバマゼピン**は、今でもよく使われていますが、眠気やふらつきなどの副作用や、判断や集中力などの認知機能への影響が問題となりやすい人もいます。抗てんかん薬は長く飲む薬で、妊娠中も薬を飲み続けるほうがいいのですが、できるだけ一種類だけにして量を減らし、**葉酸**などのビタミン不足に気をつける必要があります。

新しい種類の薬

抗てんかん薬は世界中で開発が進められており、2000年以降は新しい薬で治療を始めることが増えています。発作を減らす効き目は古くからある薬とあまり変わりませんが、眠気などの**副作用が少ない**ため十分な量を使いやすいことや、特定の発作によく効くように開発されているなどの特徴があります。

薬の効き目が不十分なときは、脳波やMRIなどの検査によって発作を起こす脳の部分がはっきりしていれば、**手術**でその部分を切除する外科的な治療法があります。そのほか、神経に電気刺激を与えて発作を起こしにくくする**迷走神経刺激療法**や、糖質を減らし脂質が多い食事にする**ケトン食療法**などがあります。

てんかんの治療　図

てんかんの治療に使われる薬

古くからある薬

フェノバルビタール
フェニトイン
バルプロ酸
カルバマゼピン

ベンゾジアゼピン系薬剤

ジアゼパム
クロナゼパム
ニトラゼパム

新しい種類の薬（　）内は発売年

クロバザム（2001年）
ガバペンチン（2008年）
レベチラセタム（2010年）
スチリペントール（2012年）
ルフィナミド（2013年）
ペランパネル（2016年）
ビガバトリン（2016年）
ラコサミド（2016年）

薬以外の療法

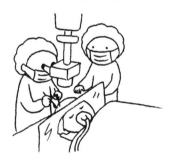

手術（てんかん外科）

根治術
てんかん焦点切除術
緩和術
迷走神経刺激療法
（VNS: Vagus Nerve Stimulation）

食事療法

ケトン食療法

糖質が少なく脂肪が多い食事にすることで、体内でケトン体を生成し、糖質の代わりの脳エネルギー源として活用する

てんかん学習プログラム

MOSES

てんかんのある人が、支援者とともにてんかんについての知識や対処を学ぶ。プログラムには九つの重点テーマがある

第1章　精神科で扱う病気や障害
第2章　精神症状とかかわりの工夫
第3章　精神疾患の薬物療法
第4章　さまざまな治療と支援
第5章　精神疾患のある人へのケア
第6章　精神疾患のある人へのケア実践
第7章　キーワードで学ぶ精神疾患とケア

13

副作用と
ポリファーマシー

■ 治療薬やサプリメント

　身体の病気の治療に使われる薬でも、脳の伝達物質に影響して精神症状（副作用）を起こす薬はたくさんあります。例えば、炎症を抑える**ステロイド薬**で抑うつや精神病症状が起きたり、花粉症などのアレルギーの治療に使われる抗ヒスタミン薬で眠気や集中力低下が起きたりすることがあります。**睡眠薬**は睡眠を助ける一方で、せん妄の原因になることもあります。特に高齢者では、肝臓や腎臓の働きが落ちていて薬の成分が身体に残りやすいため、若い人では問題にならないような副作用が出やすくなります。

　健康によいと思って飲むサプリメントも、**カフェイン**などの刺激物質が含まれていると不眠や不安などの原因になります。サプリメントの**セントジョーンズワート**（西洋オトギリソウ）は、抗うつ薬と一緒に飲むと**セロトニン**が増えすぎて、落ち着かなくなりイライラすることもあります。

■ ポリファーマシー（多剤併用による有害事象）

　ポリファーマシーとは、薬を何種類も使うことで**効果が互いに打ち消されることや、副作用などの有害事象が出やすくなること**、薬の管理がうまくいかなくなる状態をいいます。精神症状のために次々と症状の訴えがあるときや、高齢者で合併症が多く、それぞれの病気や症状のために薬が出されるときに、ポリファーマシーになりやすくなります。薬の量や種類を一つ変えると別の薬の効き方が変わることや、身体のなかで薬の分解が早まったり遅れたりして思わぬ副作用が出ることがあるため、薬の効果の判断や調整がしにくくなってしまいます。症状や薬物療法に関する**正しい知識をもつとともに、心理療法や環境の調整を行って、必要最小限の薬で治療する**ことが望ましいのです。

第1章　精神科で扱う病気や障害

第2章　精神症状とかかわりの工夫

第3章　精神疾患の薬物療法

第4章　さまざまな治療と支援

第5章　精神疾患のある人へのケア

第6章　精神疾患のある人へのケア実践

第7章　キーワードで学ぶ精神疾患とケア

精神症状を起こしやすい薬剤など

ステロイド薬	炎症を抑える	抑うつや精神症状の可能性
抗ヒスタミン薬	アレルギーを抑える	眠気や集中力の低下
カフェイン	眠気覚まし	不眠やイライラ
セントジョーンズワート	うつや不安の改善	抗うつ薬と一緒に飲むと副作用が強まる

精神科疾患でのポリファーマシーを含む問題

薬を万能だと思い込んでいる

・少しの症状でも心配で、薬でなんとかしようとする
　（本人も治療者も）
・住環境や金銭問題を放置し症状だけを薬で治そうとする

薬に依存している

・回復を急いで、過剰に薬を使ってしまう
・眠れない、意欲が出ない、イライラなど、症状ごとに薬を求める
・薬は飲んだらすぐに効くはずだと思い込む
・薬がないことが不安、効かなかった薬をやめられない
・薬の副作用を別の薬を追加して治そうとする

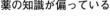

薬の知識が偏っている

・効果や副作用の知識不足
・薬を飲むこと自体が不安
・薬を減らしたときの一過性の症状（離脱症状）を、症状が悪くなったと勘違いする

第3章参考文献

- 日本神経精神薬理学会「統合失調症薬物治療ガイド－患者さん・ご家族・支援者のために－」
  https://www.jsnp-org.jp/csrinfo/img/szgl_guide.pdf
- 日本うつ病学会 気分障害の治療ガイドライン作成委員会「日本うつ病学会治療ガイドラインⅡ.うつ病（DSM-5）/ 大うつ病性障害2016」
  https://www.secretariat.ne.jp/jsmd/iinkai/katsudou/data/20190724-02.pdf
- 日本うつ病学会 気分障害の治療ガイドライン作成委員会「日本うつ病学会治療ガイドラインⅠ.双極性障害2020」
  https://www.secretariat.ne.jp/jsmd/iinkai/katsudou/data/guideline_sokyoku2020.pdf
- 日本不安症学会、日本神経精神薬理学会「社交不安症の診療ガイドライン」
  https://minds.jcqhc.or.jp/n/med/4/med0458/G0001312
- 厚生労働科学研究・障害者対策総合研究事業「睡眠薬の適正使用及び減量・中止のための診療ガイドラインに関する研究班」、日本睡眠学会「睡眠薬の適正な使用と休薬のための診療ガイドライン」
  https://jssr.jp/files/guideline/suiminyaku-guideline.pdf
- てんかん診療ガイドライン作成委員会「てんかん診療ガイドライン2018」医学書院、2018.
- MOSES企画委員会監「MOSESワークブック－てんかん学習プログラム」クリエイツかもがわ、2010.

第 4 章

さまざまな治療と支援

01  精神療法・心理療法

基本は受容と共感

相手を支援するときのコミュニケーションの基本は、**まず話を受け入れ（受容）、気持ちに理解を示すこと（共感）**です。言葉だけでなく、態度や話し方など言葉以外の方法でも情報は伝わるので、服装や身だしなみ、場所や時間などの環境設定も大切です。特に、精神症状のために理解や判断が障害されているときには、気を配りましょう。**うなずきやあいづちの打ち方も会話に大きく影響**しますので、普段から自分の癖をよく知っておきましょう。言葉づかいの技術も大切です。「そうですねぇ」とだけ反応するのは、相手を援助するのに十分ではありません。相手の言ったことを繰り返し、まとめ、質問するといった、**積極的に傾聴**する技術を身につけましょう。

精神療法・心理療法

症状や、生活する上で困難な状況に対して、直接本人の心理面にかかわる方法を、英語ではサイコセラピー（psychotherapy）といいます。わが国では、医師が行うと精神療法、心理職が行うと心理療法や心理カウンセリングということが多いのですが、訳語に厳密な使い分けはありません。本人と治療者が一対一で行う**個人精神療法**と、グループで行う**集団精神療法**があるほか、方法や内容に応じて分類されています。

精神科では、相手の考え方を受け入れ、気持ちに共感を示し努力を認める**支持的療法**が基本です。また、本人の気づき（**洞察**）を助ける精神分析、気持ちや症状を楽にするために考え方や行動を変えてみる認知療法や認知行動療法、手順をはっきりさせて現実に役立つ生活技能を学ぶ SST、計画的に行動を変えることで症状を軽くする行動療法などもあります。日本独自の精神療法としては、森田療法と内観療法があります。

第1章　精神科で扱う病気や障害

第2章　精神症状とかかわりの工夫

第3章　精神疾患の薬物療法

第4章　さまざまな治療と支援

第5章　精神疾患のある人へのケア

第6章　精神疾患のある人へのケア実践

第7章　キーワードで学ぶ精神疾患とケア

積極的傾聴

あいづちやふるまい

声の大きさや高さ、話の速さ、身体の動き

相手に寄り添う

受容

なるほど、そう思うのですね

積極的傾聴

どうして？

共感

大変でしたね頑張ったのですね

質問する　閉ざされた質問　相手が限られた選択肢から答える質問

「●●の症状はありますか？」「今朝は何を食べましたか？」

開かれた質問　相手が自分の言葉で答える質問

「もっと詳しく教えてください」「例えば」「どうして」

まとめる、確認する、提案する、合意点をつくる
「●●ということですか？」「■■のことを言っているのですか？」
「△△のよい所と悪い所は？」「もし▲▲したら、どうなるのでしょう」

代表的な精神療法

支持的療法	相手の気持ちや考え方を受容し、共感を示し支持する
精神分析	意識と無意識を想定し、無意識の働きに気づく（洞察）ための援助
箱庭療法	砂の上に人形や模型を並べて遊ぶことで、心の内面を表現する
認知療法	考え方のパターンに気づき、気持ちを楽にできる考え方を工夫する
認知行動療法	行動の変化を通じて気持ちや考え方を楽にする
森田療法	臥床や作業などの日課を通じて、ありのままの自分を受け入れる
内観療法	屏風を立てたなかに座り、生まれてから現在までの自分を思い出す

02

精神療法の種類

認知療法と認知行動療法

　うつや不安などの精神症状や過呼吸などの身体の症状は、何かの刺激や状況によって直接起きるのではなく、その状況をどう考えるかという**認知**によって起きると想定して（➡ P.128）、**考え方のパターンを変えることで気持ちや症状を楽にするのが認知療法**です。うつ病や不安障害のほか、統合失調症の幻聴などにも使われます。認知と行動のつながりに注目して、**現実に合った行動ができるように援助して症状を軽くするのが認知行動療法**（**CBT**: Cognitive Behavioral Therapy）です。統合失調症などの精神疾患のある人に CBT をうまく導入していくために、ロールプレイなどを取り入れて開発されたのが**社会生活スキルトレーニング**（**SST**: Social Skills Training）です。

行動に注目した方法

　行動療法は、まず**行動を変えることで症状をよくする**方法です。例えば、摂食障害で行動制限を行って、食べる量が増えたら行動範囲を広げる方法や、恐怖症で不安な状況に挑戦する方法があります。**応用行動分析**は、行動が起きるきっかけと結果に注目し、かかわり方や環境が行動に与える影響を細かく分析（➡ P.126）して、問題行動を減らし望ましい行動を増やす方法です。知的障害や自閉症の強度行動障害など、言葉での精神療法が難しい人にも適応できます。**解決志向アプローチ**は、問題に注目するよりも、過去行ってきた解決方法や、今できていること、これからできそうなことなど、解決行動に注目する方法です。悪循環で原因がよくわからない状況の解決にも応用できます。**動機づけ面接法**は、問題行動ではなく本人の葛藤心理に注目し、解決への動機を高める方法です。アルコール依存や薬物依存などの嗜癖行動に対して、よく使われます。

第1章 精神科で扱う病気や障害

第2章 精神症状とかかわりの工夫

第3章 精神疾患の薬物療法

第4章 さまざまな治療と支援

第5章 精神疾患のある人へのケア

第6章 精神疾患のある人へのケア実践

第7章 キーワードで学ぶ精神疾患とケア

認知療法と認知行動療法

理論

・学習理論
・認知行動理論
➡P.126-129

"考え方を変えて"症状を
楽にする

"行動を変えて"症状を
楽にする

認知療法

**認知行動療法
（CBT）**

行動に注目した手法

> **POINT：暴露療法**
>
> 原因を遠ざけようとする行動がかえって不適切な行動を維持させているときに、ストレス状況に段階的に暴露することで不安が軽減することを実感する方法。恐怖症や強迫症の治療に導入されている

応用行動分析	きっかけと結果に注目！ ➡P.127
解決志向アプローチ	今できていること、これからできそうなこと（解決行動）に注目！ ➡P.55
動機づけ面接法	本人の葛藤心理に注目！ ➡P.53

03

心理検査

目的によって使い分ける

心理検査は、質問用紙に自分で記入する、面接で質問に答える、自由に絵や文章を書くなど、やり方によってさまざまな種類があります。また、性格や人づきあいの傾向などの特徴を調べる、病気を見つける（スクリーニング）など、目的によっても種類が分けられています。例えば、**改訂長谷川式簡易知能評価スケール**（HDS-R）は認知症を見つけるための検査ですが、認知症の重症度を直接表しているわけではなく、それ自体で診断をつけられるものでもありません。

よく使われる心理検査

ウェクスラー式知能検査（WAIS）は「ウエイス」といわれ、言葉、知覚、記憶（ワーキングメモリ）、処理速度を調べて、同じ年齢の平均と比べた知能指数（IQ）を出します。IQだけで知的障害や発達障害と決めるものではなく、診断の参考にします。また、**鈴木ビネー検査**や**コース立方体組み合わせテスト**でもIQが測れます。

自分で質問紙に書き入れる検査では、性格の特徴を調べる**YGテスト**や**PFスタディ**、不安や緊張を調べる**STAI**や**POMS**、抑うつを調べる**SDS**など、目的によってさまざまな種類が開発されています。高次脳機能障害では、主に記憶を調べる**ベントン視覚記銘検査**や**WMS-R**（ウェクスラー記憶検査）や**リバーミード行動記憶検査**のほか、いくつかの検査を組み合わせて認知機能障害を調べる**BACS**があります。

絵を使った検査には、インクの染みでできた図版を見た感想で、感じ方や考え方の特徴をみる**ロールシャッハテスト**や、実のなる木を描くことで調べる**バウムテスト**があります。箱庭で遊ぶ**箱庭療法**も、心理状態を調べるために用いることがあります。

心理検査の種類　図

第1章　精神科で扱う病気や障害

第2章　精神症状とかかわりの工夫

第3章　精神疾患の薬物療法

第4章　さまざまな治療と支援

第5章　精神疾患のある人へのケア

第6章　精神疾患のある人へのケア実践

第7章　キーワードで学ぶ精神疾患とケア

質問紙によって性格や人格を調べる検査

YG検査	矢田部ギルフォード式性格検査
MPI	モーズレイ性格検査
MMPI	ミネソタ多面人格目録
CMI	コーネルメディカルインデックス
PFスタディ	欲求不満の場面の絵に対する感じ方で人格特徴を調べる

知能テスト

| ウェクスラー式知能検査 (WAIS-Ⅳ: Wechsler Adult Intelligence Scale-Ⅳ) |
| 子ども用はWISC |
| 鈴木ビネー検査 |
| コース立方体組み合わせテスト |

認知症スクリーニング検査

| HDS-R | 改訂長谷川式簡易知能評価スケール |
| MMSE | 世界的に使用されている認知症スクリーニング検査 |

投影法

| ロールシャッハテスト | 図版を見て感じた内容で心理内界を評価 |
| バウムテスト | 実のなる木を描くことで心理内界を評価 |

不安など目的別の検査

| STAI (State-Trait Anxiety Inventory　状態・特性不安検査) |
| POMS | 緊張や抑うつを調べる検査 |
| SDS | うつ病評価のための自己記入式検査 |

その他

| 文章完成法 (SCT)、エゴグラム、交流分析 |
| QOL26 | WHOによる日常生活満足度の評価票 |

認知機能検査・高次脳機能評価

ベントン視覚記銘検査	高次脳機能障害のスクリーニングのために視覚記憶を検査
WMS-R (ウェクスラー記憶検査)	記憶に関する多面的な検査
リバーミード行動記憶検査	日常記憶の障害の検査
BACS	高次脳機能を評価するためのテストの組み合わせ

04

作業療法

作業療法

作業療法は、日常生活の動作や作業を通して行われるリハビリテーションのことで、**作業療法士**（**OT**:Occupational Therapist）が指導します。作業のことをオキュペイションといいますが、仕事など幅広い人間の活動を含んでいる言葉です。

私たちはふだんの暮らしのなかで、食べる、料理をする、買い物をするといった、さまざまな活動をしています。料理をするという活動のなかにも、レシピを読む、食材を準備する、包丁で切る、煮る、盛りつける、片づける、ごみを捨てるなど、多くの行動が含まれています。作業療法では、**生活にかかわるすべての活動を「作業」といい、人の生活は意味のある作業の連続**だと考えています。これらの作業すべてをリハビリテーションの対象として、心と身体の機能の回復へとつなげ、健康で主体的な生活が送れるようになることを目的として行います。

精神科での活動

精神科病棟では、入院中の患者を集めて**グループ**で行われるのが一般的です。音楽や芸術活動などで、興味や関心が増え、活動的になり、人づきあいがよくなることが期待されます。ほかにも、あいさつなどの生活に必要とされる行動の練習や、簡単にできる料理やごみの分別など退院後の暮らしに必要な準備が行われることもあります。また、**個別の作業療法**もあり、その人に合った作業メニューができるのがよいところです。

入院だけでなくデイケアなどの外来や、訪問看護などの訪問支援、就労継続支援や就労移行支援などの障害福祉サービス、うつ病などの休職中の人のリワーク支援などの就労支援でも、作業療法士が参加し作業療法の手法が活かされることが増えています。

生活における作業

地域活動などの作業

日常の身の回りの作業

ふだんの暮らし

仕事などの生産的作業

趣味などの余暇的作業

家事などの生活を維持するための作業

精神科作業療法

個人

集団

生活場面

第1章　精神科で扱う病気や障害

第2章　精神症状とかかわりの工夫

第3章　精神疾患の薬物療法

第4章　さまざまな治療と支援

第5章　精神疾患のある人へのケア

第6章　精神疾患のある人へのケア実践

第7章　キーワードで学ぶ精神疾患とケア

05

精神科の医療機関

精神科病院と入院形態

　精神科の医療機関には、精神科の専門病院である精神科病院、総合病院の精神科、精神科クリニックがあります。精神科病院は、医療法によるいわゆる**精神科特例で、医師は一般病床の３分の１、看護職員は４分の３での運営**が認められています。精神疾患の治療に使う病床（ベッド）を**精神科病床**といい、日本は世界と比べてこの数がとても多いのが特徴です。日本は精神疾患に関する地域サービスの種類や予算が少なく、精神保健福祉に関するさまざまな問題の解決策として医療サービスが用いられやすい土壌があり、その受け皿として精神科病床が多いのです。

　精神科の入院形態は精神保健福祉法によって定められており、本人が自ら希望して入院する場合と本人の同意によらない強制的な入院があります。また、精神障害のために殺人や放火などの重い罪を犯してしまった場合には、**医療観察法**による入院があります。

精神科と近い領域の診療科

　心療内科は、過敏性腸症候群や気管支喘息などの、発症や経過に心理面が大きく影響している心身症を専門とし、身体の症状と心の両面をみて治療します。アトピー性皮膚炎などの自己免疫関連疾患や、糖尿病や高血圧などの生活習慣病も対象となります。

　脳神経内科（神経内科）は、パーキンソン病や認知症など、脳や神経にかかわる病気を専門とし、筋ジストロフィーなどの筋肉の病気も診ます。**小児神経科**（脳神経小児科、神経小児科）は子どもの脳神経の病気のほか、知的障害や発達障害を専門としています。

　脳神経外科は、脳出血や頭部外傷などでの脳の手術が専門の診療科です。血管や神経の手術、てんかんの手術なども行います。

第1章　精神科で扱う病気や障害
第2章　精神症状とかかわりの工夫
第3章　精神疾患の薬物療法
第4章　さまざまな治療と支援
第5章　精神疾患のある人へのケア
第6章　精神疾患のある人へのケア実践
第7章　キーワードで学ぶ精神疾患とケア

精神科の入院形態

精神保健福祉法による入院

任意入院	本人の意思で精神科病棟に入院
医療保護入院	本人は入院に同意しないが精神保健指定医が入院が必要と判断し、家族等の同意で入院。急を要する場合で家族等の同意が得られない場合は応急入院
措置入院	自傷他害の恐れがある場合に精神保健指定医2人が入院が必要と判断し、都道府県知事の命令で入院。急を要する場合には精神保健指定医1人の診察で緊急措置入院
医療観察法の入院	精神障害による重大な他害行為（殺人、放火、強盗、強制性交、強制わいせつ、傷害）があった場合に、所定の手続きを経て指定医療機関に入院

診療科の特徴

精神科	精神疾患（うつ病、統合失調症など）
心療内科	心身症（過敏性腸症候群、気管支喘息、アトピー性皮膚炎など）
脳神経内科	神経・筋肉の疾患（パーキンソン病や脳梗塞など）、認知症、てんかん、ALS（筋萎縮性側索硬化症）、筋ジストロフィーなど
小児神経科	子どもの神経・筋肉の病気、知的障害、発達障害、遺伝性の神経難病
脳神経外科	脳腫瘍や脳出血、神経の手術

小児神経科　　　　　心療内科　　　　　脳神経外科

06

精神疾患の治療と支援にかかわる専門職

精神科医療機関で働く専門職

　病院やクリニックでは、診断と治療方針を決める医師、看護にあたる看護師、心理検査や心理療法に携わる心理職、リハビリテーションを行う作業療法士や理学療法士、権利擁護や社会サービスの調整などにかかわる精神保健福祉士や社会福祉士、薬の指導や調剤を行う薬剤師、栄養・食事を担当する栄養士や管理栄養士、血液検査や心電図、脳波などの検査を担当する臨床検査技師など、さまざまな専門職が働いています。

多職種チームでの連携

　入院、外来に限らず、上記の専門職がチームを組んで精神疾患の治療と支援にあたっていますが、地域で暮らす精神疾患のある人への支援では、**精神科訪問看護**（➡ P.110）や**訪問介護**（➡ P.116）のほか、さまざまな**専門機関**（➡ P.112）、職種がかかわって

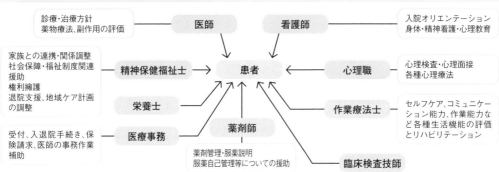

多職種チームによる精神科医療

診療・治療方針 薬物療法、副作用の評価	医師
入院オリエンテーション 身体・精神看護・心理教育	看護師
家族との連携・関係調整 社会保障・福祉制度関連援助 権利擁護 退院支援、地域ケア計画の調整	精神保健福祉士 → 患者
心理検査・心理面接 各種心理療法	心理職
栄養士	
受付、入退院手続き、保険請求、医師の事務作業補助	医療事務
セルフケア、コミュニケーション能力、作業能力など各種生活機能の評価とリハビリテーション	作業療法士
薬剤師	
薬剤管理・服薬説明 服薬自己管理等についての援助	臨床検査技師

その暮らしを支えています。

医師（精神科医）

精神科医になるためには、医師国家試験に合格して医師の資格を得ることが必須で、その後、研修医として２年間の臨床研修を積んだ後に、専攻医や専修医として専門分野を学びます。

医療保護入院や措置入院などの強制入院には、**精神保健指定医**の診察が必要です。精神保健指定医は厚生労働大臣によって任命され、医師として５年以上かつ精神科医として３年以上の経験のある医師が、所定の研修を受けケースレポートを提出して認定されます。５年ごとの更新が必要です。ほかにも、日本精神神経学会が行う試験に合格して認定される**精神科専門医**という資格もあります。

看護師、准看護師、保健師

看護師、**准看護師**は病院やクリニックなどの医療機関のなかで働くほか、訪問看護や、特別養護老人ホームなどの介護保険施設、グループホームやケアホームなどで働いています。また、**専門看護師**や**認定看護師**の制度があり、日本看護協会では、精神看護専門看護師、訪問看護認定看護師、認知症看護認定看護師を認定し、日本精神科看護協会では、退院支援やうつ病看護などの認定看護師を認定しています。

保健師は保健指導を通して、予防的な視点をもってかかわり、精神的な悩みの相談に対して受診等の適切な対応へとつなげていく役割があります。おもに保健センターや精神保健福祉センターなどの、地域保健機関や行政機関で働いているほか、一般企業で働く産業保健師がいます。

精神科医　精神保健指定医
精神科専門医

POINT
医療現場ではリーダーの役割をとる。
症状の診断と治療が専門であり、症状
悪化のリスクを重視

看護師、准看護師、保健師

POINT
看護師と保健師は国家資格　准看護
師は知事免許

第1章　精神科で扱う病気や障害

第2章　精神症状とかかわりの工夫

第3章　精神疾患の薬物療法

第4章　さまざまな治療と支援

第5章　精神疾患のある人へのケア

第6章　精神疾患のある人へのケア実践

第7章　キーワードで学ぶ精神疾患とケア

精神保健福祉士、社会福祉士

どちらの資格も大学や短大、専門学校で学び、精神保健福祉士・社会福祉士国家試験に合格することで得られる国家資格です。**精神保健福祉士**は国家資格前の名称である**PSW（Psychiatric Social Worker）**が略称として使われていますが、近年は国家資格名の英語表記として**Mental Health Social Worker（MHSW）**が用いられることもあります。病院や行政機関、障害福祉サービス事業所などさまざまな場所に勤務していますが、その大きな役割は、精神障害者の人権に気を配り社会生活を支援することです。チーム医療にあっては、福祉的支援の立場から

ソーシャルワーカー

チームに参画し、地域にあっては、地域移行や地域定着に向けてさまざまな専門機関、専門職をつなぐコーディネートを担います。

リハビリ職（作業療法士、理学療法士、言語聴覚士）

理学療法士及び作業療法士法、言語聴覚士法により、それぞれ大学や専門学校で教育を受け、国家試験に合格することで得られる国家資格です。

リハビリ職

作業療法士（OT: Occupational Theraphist）は、作業活動を援助して障害者や高齢者へのリハビリテーションを行います。入院中の精神科作業療法を担当するほか、デイケア、就労継続・移行支援などの障害福祉サービス、障害者雇用などの就労支援の現場などでも働いています。

理学療法士（PT: Physical Therapist）は、座る、立つ、歩くなどの機能を評価し、回復を目指して動作の訓練を行います。精神科に関する疾患では、脳梗塞や脳出血などの脳血管疾患や、パーキンソン病など神経内科の病気のリハビリテーションが主な対象となります。

言語聴覚士（ST: Speech-Language-Hearing Therapist）は、話す・聞くなどの言葉のコミュニケーションや、嚥下機能の評価とリハビリテーションを担当します。

心理職（公認心理師と臨床心理士）

公認心理師は、2017（平成29）年から養成が始まった心理の国家資格で、大学や大学院で所定の課程を修め、国家試験に合格することで得られます。この公認心理師ができるまでは、心理臨床学会が認定する民間資格である**臨床心理士**のほか、認定心理士（日本心理学会）などが、心理カウンセリングなど心の問題を扱う仕事を担ってきました。

心理職は WAIS などによる知能検査や、不安や抑うつの評価、個人の考え方や感じ方の評価、高次脳機能の評価などの、さまざまな心理検査を行います。また、個人面接や家族面接により、心理的支援を提供します。医師の指示のもとに、精神分析療法や、認知療法や認知行動療法（CBT）なども行います。

心理職

その他の専門職（薬剤師、管理栄養士ほか）

医療チームのなかには、薬剤師や管理栄養士（栄養士）、臨床検査技師、臨床工学技士、視能訓練士など、さまざまな職種が属して、それぞれの役割を果たしています。

その他の専門職

薬剤師	管理栄養士（栄養士）	臨床検査技師	臨床工学技士

薬の調剤、説明、服薬管理など	栄養指導、食事指導、給食管理など	血液検査や心電図や脳波などの検査	医療機器の操作やメンテナンス

07
精神科訪問看護

精神科訪問看護とは

　地域生活を送る精神障害者に対して、主治医の指示のもとで精神科病院やクリニック、**訪問看護ステーション**等が行う医療サービスの一つで、1986（昭和61）年に診療報酬の算定対象となりました。訪問先は、精神障害者の自宅やグループホーム、入所施設等で、対象は本人とその家族です。また、長期入院後の地域生活への橋渡しの時期などに、精神科病院では**退院前訪問看護指導**として行うことがあります。

訪問のポイントと留意点

　①生活リズムをつくる、②家事や社会生活技能を身につける、③対人関係の改善（家族含む）、④社会資源の利用支援、⑤薬物療法の継続への援助、⑥身体合併症の発症や悪化の防止などを目的として、**看護師**、**精神保健福祉士**、**作業療法士**等が1名または複数で訪問します。

　診察室は本人にとって「アウェイ」なため、緊張して本音が言えないこともありますが、「ホーム」では安心して**生活の様子を支援者にみてもらいながら相談できる**点がメリットといえます。訪問の様子は主治医に報告されるほか、本人の同意のもとに地域の支援関係者に情報提供され支援に活かされます。利用については、**病気や症状とうまく付き合いながら自分らしく暮らす**ために、本人や家族が希望することが前提です。主治医の指示とはいえ、訪問者が強い姿勢で服薬状況をチェックしたり、周囲の安心のために本人の同意もなく再発防止策として用いたりしてはなりません。

　各種医療保険、**自立支援医療**、生活保護が適用されますが、自己負担（生活保護は除く）や、ほかに交通費（実費）がかかることがあります。

1　本人・家族と主治医が話し、主治医が指示書を作成

指示書の期間によって、
モニタリングして期間を
更新したり終了したりする

2　（病院、クリニック、訪問看護ステーショなどの）
　　訪問看護のスタッフが確認

本人が障害福祉サービス等を利
用している場合など、訪問スタッ
フと多機関・多職種でのケア会議
が行われることもある

3　本人・家族とスタッフで訪問の日程調整

4　訪問（週3日まで、退院後3か月間は週5回まで）

病院やクリニックでは、主治医と
訪問スタッフの所属機関が同じ
ことが多く、訪問看護ステーショ
ンの場合は主治医とは別機関の
ため情報のやり取りの仕方は異
なる

5　スタッフから主治医への報告

6　医師が診察時に情報を活用

第1章　精神科で扱う病気や障害

第2章　精神症状とかかわりの工夫

第3章　精神疾患の薬物療法

第4章　さまざまな治療と支援

第5章　精神疾患のある人へのケア

第6章　精神疾患のある人へのケア実践

第7章　キーワードで学ぶ精神疾患とケア

08

医療機関以外の
専門機関と専門職

▶ 公的機関

代表的な公的機関

　精神疾患のある人がよく利用する機関として、市町村役場、保健所、精神保健福祉センターがあります。市町村役場には、地域生活に関する各種の相談や障害福祉サービス等の利用申請のほか、障害者手帳の交付申請、自立支援医療や国民健康保険、介護保険、障害年金、生活保護等の相談や申請手続きの窓口があります。保健所や精神保健福祉センターではより専門的な相談、リハビリテーションプログラムの提供や研修、啓発活動等を行っています。なお、精神保健福祉センターでは精神医療審査会の事務を担うほか、専門職のための研修や調査研究なども行われます。

その他の公的機関（保護観察所やハローワーク）

　保護観察所：医療観察法の対象となる精神障害者の治療や社会復帰支援のための中核機関で、**社会復帰調整官**と呼ばれる専門職員が多機関・多職種支援の連携のコーディネートをします。

　ハローワーク：精神障害者が就労するためのさまざまな相談に応じたり情報提供等をするほか、障害者を雇用する企業などへの働きかけも行っています。

● 生活支援に関する機関

相談支援や訓練のための機関

　精神障害を含むさまざまな障害児・者が障害福祉サービス等を利用するための支援を行うのが**相談支援事業所**です。市町村からの委託を受けて、地域で生活する障害児・者の相談に応じるほか、障害福祉サービス等の利用計画を作成したり、精神科病院や障害者支援施設からの退院・退所を支援する地域移行支援事業、地域生活を始めたばかりの障害者などを随時訪問したり緊急時には24時間体制で電話相談や訪問支援等を行う自立生活援助や地域定着支援事業等を実施しています。

生活上の支援をする機関

ヘルパー事業所：障害者の自宅等へ訪問して家事援助や身体介護等を行うヘルパーを派遣します。障害福祉サービスと介護保険サービスに対応しているところがあります。

グループホーム：障害者が、日常生活の助言や支援を受けながら地域生活をする場で、共同スペース等を設け部分的な共同生活のスタイルをとることが一般的です。

宿泊型自立訓練施設：原則2年間の利用期間中に、家事や金銭管理など日常生活能力を向上させたり、対人関係の訓練を行う施設です。

地域生活を支援する機関

　社会福祉協議会は、日常的な金銭管理や福祉サービスの利用を援助する日常生活自立支援事業、成年後見制度に基づき後見活動等を行う法人後見、ボランティアの育成や派遣のコーディネート、各種の市民相談への対応などを行っています。

障害のある人を支える専門職

相談支援専門員：障害のある人が自分の意思や希望に沿った生活を送ることができるよう、相談にのったり障害福祉サービス等の利用計画案を作成したりする点では、障害福祉分野のケアマネジャーという位置づけです。さらに、障害のある人が病院や施設から地域生活へ移行するための支援や、移行した後の生活の定着のための支援も担います。

　障害者の支援に関する所定の実務経験と相談支援従事者初任者研修を修了することが要件となり、その後は5年ごとの現任者研修の受講が義務づけられています。主な職場は、市町村の障害福祉担当部署や基幹相談支援センター、指定相談支援事業所です。

行政で働く専門職

精神保健福祉相談員：保健所、精神保健福祉センター、市町村等の障害福祉や精神保健を管轄する部署で、住民の精神保健および精神障害者の福祉に関する相談に応じたり当事者や家族等を訪問して必要な指導や援助を行います。

社会復帰調整官：保護観察所に勤務し、医療観察法に基づき、制度の対象となる精神障害者が医療を受け、社会復帰するための支援において関係機関や職種の連携調整などを担います。

生活保護ケースワーカー：生活保護法に基づき、国民の健康で文化的な最低限度の生活を保障するために、福祉事務所で生活保護申請など生活に困窮している人の相談に応じたり、生活保護を受給中の人の面接相談や家庭訪問、就職支援や入院・入所のための支援などを行います。

地域の身近な支援者

民生委員・児童委員：民生委員は歴史の長い資格で、厚生労働大臣の委嘱によって、無給で地域住民の立場に立って相談にのり、行政機関や自治会、関係者等と連携して支援を行います。地区担当制をとり、高齢者や障害者、ひとり親家庭などの訪問等も行い、地域福祉の増進に努めており、児童委員を兼ねています。

　児童委員とは、地域の子どもたちが安心して元気に暮らすことができるように見守り、また、妊娠中や育児不安などの相談・支援等を行います。

市民後見人：社会貢献への意欲をもつ一般市民のうち、市町村が実施する養成研修を受講して成年後見に関する知識や態度を身につけ、家庭裁判所から成年後見人等として選任された人を指します。高齢者や障害者の意思を尊重しながら福祉サービスの利用契約や金銭管理などを行い、本人が安心して地域生活を送ることができるよう活動します。

日常生活自立支援員：社会福祉協議会が行う日常生活自立支援事業に基づき、障害者や高齢者を定期的に訪問し、日常的な金銭管理や福祉サービスの利用援助などを行います。本人からの依頼により、銀行への出入金手続きや各種支払い手続き、福祉サービスの利用における苦情解決規定の利用などを支援します。成年後見制度とは異なり、判断能力は不十分であっても契約行為のできる人が対象とされます。

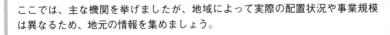

ここでは、主な機関を挙げましたが、地域によって実際の配置状況や事業規模は異なるため、地元の情報を集めましょう。

09

精神疾患のある人への介護サービス

介護サービスの種別と利用要件

　精神疾患のある人への介護サービスは、障害福祉サービスの介護給付と、介護保険サービスに分けられ、いずれも居宅介護と施設（入所・通所）介護があります。**65歳以上は原則として介護保険制度が優先**されます。利用には、障害福祉サービスの場合は、障害支援区分の認定を受けて区分1以上であること、介護保険サービスの場合は要介護認定を受けることが必要です。

代表的な介護サービスの例

　精神科病院の長期入院者が一人暮らしを始める際など、「**居宅介護サービス**」として調理、洗濯、掃除などの家事、ゴミ出しや金銭管理といった生活上の相談・助言など全般的な援助を行います。生活に慣れるにつれて本人ができることを増やすような訓練的なかかわりもあります。

　また、精神障害のため行動に困難があり常に介護を要する人には「**行動援護**」として、危険回避のために外出時の移動の介護や食事等の介護など、行動する際の必要な援助を行います。

　障害者支援施設等では、「**生活介護**」として、食事・洗濯・掃除などの生活上の介護と、創作的活動や生産活動の機会の提供、生活能力の向上のために必要な支援を行います。

介護サービスの利用イメージ　図

第1章　精神科で扱う病気や障害

第2章　精神症状とかかわりの工夫

第3章　精神疾患の薬物療法

第4章　さまざまな治療と支援

第5章　精神疾患のある人へのケア

第6章　精神疾患のある人へのケア実践

第7章　キーワードで学ぶ精神疾患とケア

在宅の場合

家事援助が中心で買い物、調理、清掃などのほか、生活上の相談にのったり、本人が家事をできるようになることをサポートする

施設の場合

入所施設では、安定した生活のために必要な介護（食事、入浴、清掃など）を提供する。一時的な入所（ショートステイ）でも上記サービスを提供するが、本人の休息目的や介護家族の留守時など、利用目的によってサービス提供内容は濃淡あり。通所施設では、日中活動に必要な介護サービス（食事、入浴、排泄等）を提供する

POINT

精神障害のある人への介護サービス提供の心得
かかわりの基本は、本人が望む生活スタイルやペースに合わせること
支援計画と契約に基づき時間内に必要なサービスを提供することは重要だが、特に在宅の場合は、対話などによるコミュニケーションをとり、本人のその日の気持ちや都合に応じた柔軟な対応が求められる

介護サービスの対象者（精神疾患のある人）　統合失調症やうつ病、アルコール依存症などを長年患っている人や高齢期になって精神疾患と診断された人

調理　長期入院や施設生活では出された食事を食べることが習慣化しており、想像できるメニューのレパートリーが狭い。料理の本を見たり、スーパーなどの買い物に同行して一緒に考えることも有効

買い物　お金を使うことに慣れていない、どこで買い物をしたらいいかわからない、なども考えられ、同行して一緒に選んだり、金銭管理を助言するなど、新しいことに適応するための橋渡しが必要

清掃　掃除の仕方がわからない場合もあるが、無用にみえても本人にとっては安心できる環境であることもある。支援者の価値観だけで判断せず、対話を重ねて信頼関係を築きながら助言や提案をするなど丁寧なかかわりが必要。強引に片づけたりしないこと

10 地域移行支援・地域定着支援

　障害者総合支援法の障害福祉サービスで、**市町村が障害者に対する地域相談支援として行います**。サービスを提供するのは一般相談支援事業所で、利用者の住所地の市町村から給付決定を受け、支援計画に基づく支援が行われます。

地域移行支援とは

　障害者が**精神科病院**や**障害者支援施設**などから、自宅や賃貸住宅、グループホームなどに退院・退所するための支援を数か月かけて行います。

　相談支援専門員や**ピアサポーター**などが病院や施設を訪問し、障害者に対して地域における暮らしについて説明して退院・退所のイメージや意欲を湧かせ、外出に同行して社会資源の見学や施設などの体験利用の手続きを支援します。そして、**本人の望む暮らしができるように住居を確保し**、そこで生活するために必要なサービスの利用を調整します。病院や施設でも障害者に対する退院・退所支援を行っているためスタッフ間で連絡を取り合い、**本人を中心としてチームで連携**して支援します。

地域定着支援とは

　施設や病院からの地域移行後や、同居家族との死別により**一人暮らしとなった障害者等**が、いつでも（24時間体制で）連絡することができて、緊急時には必要な支援が受けられます。例えば、急な体調不良、貴重品や自宅の鍵の紛失、住環境のトラブルやライフラインの停止、人間関係のストレスなどが発生し、一人では解決できないときに、**あらかじめ契約している相談支援事業所に電話等でSOSを出す**と、支援者が助言したり訪問して相談にのったりするなどの必要な対応をしてくれます。

地域相談支援（地域移行支援・地域定着支援）の概要　図

地域移行支援	障害者支援施設、精神科病院、救護施設・更生施設、矯正施設等に入所または入院している障害者を対象に住居の確保その他の地域生活へ移行するための支援を行う
地域定着支援	居宅において単身で生活している障害者等を対象に常時の連絡体制を確保し、緊急時には必要な支援を行う

障害者支援施設、精神科病院等

地域で生活したい

施設・病院における取り組み
・地域移行にかかる支援の周知
・意向の聴取
・相談支援事業との連携による地域移行に向けた支援の実施

地域生活への移行（退所・退院）

自宅、アパート、グループホーム等

・日中活動、居宅サービスの利用
・退院、デイケア、訪問介護

地域移行支援

初期
・計画作成
・訪問相談
・情報提供

中期
・訪問相談
・同行支援
・日中活動の体験利用
・宿泊体験

終期
・住居の確保等
・同行支援
・関係機関との調整

日中活動の体験利用
【障害福祉サービス事業所】

外泊・宿泊体験
【自宅、アパート、グループホーム等】

地域定着支援

退所・退院後の支援

・居宅で単身生活する障害者等との常時の連絡体制の確保
・障害特性に起因して生じる緊急事態における居宅訪問等による相談支援

> **POINT**
>
> 本人を中心として多機関・多職種がチーム一丸となって支援する

第1章　精神科で扱う病気や障害

第2章　精神症状とかかわりの工夫

第3章　精神疾患の薬物療法

第4章　さまざまな治療と支援

第5章　精神疾患のある人へのケア

第6章　精神疾患のある人へのケア実践

第7章　キーワードで学ぶ精神疾患とケア

11 自立生活援助

自立生活援助とは

　精神科病院や施設を出て地域での生活を始めたり、同居家族が亡くなって一人暮らしになったりするなど、生活環境の変化に伴い不安や困難が生じることがあります。また、同居家族の病気や障害、障害者同士の結婚などにより、家族内に介護や身の回りの世話をできる人がいない場合もあります。

　自立生活援助とは、地域で生活する障害者に対して、相談支援事業所や生活訓練事業所等の職員が、**定期訪問**や**随時対応**、**同行支援**や**関係機関との連絡調整**を行うことで、**障害者の地域生活の不安を安心に変えていくサービス**です。障害者総合支援法の障害福祉サービスである「訓練等給付」に位置づけられ、原則として利用期間は1年間ですが、**市町村が必要と認めれば更新できます。**

主な支援内容

　障害のある人の日々の暮らしに寄り添いながら生活上の困りごとや悩みを汲み取り、障害者が経験したことのないことや、一人で判断できないことなど不安や困惑にいち早く気づき、適切に対応する柔軟なサービスです。そのため、利用者の状況に合わせた内容や頻度で支援します。

　例えば、事務手続きの同行、近所へのあいさつの同行、金銭管理に関する助言、郵便物の処理に関する助言、消費生活へのトラブル対応、通院同行や受診の同席などがあります。常に同じ頻度・内容のサービスを提供するというよりは、**生活スタイルの移行期に柔軟に介入し支援することで障害者が暮らし方のコツ**を身につけたり、病状が悪化した際に迅速な対応をすることで**危機を回避**できる等のメリットがあります。

地域移行後の柔軟なサポート　図

地域移行支援

「やっていけるかな…」

自立生活援助

「なんとかやっていけてる」

地域定着支援

「課題は解決済み」

相談要請

「困った!」

定期的な居宅訪問
（月2回以上）

随時対応
（訪問、電話、メール等）

障害福祉サービス事業所、
医療機関、行政機関、
民生委員等

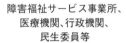

相談支援事業所等の
自立生活援助事業所

連絡調整

具体的な自立生活援助実践例

Aさん
精神科病院から地域へ移行したばかり

地域移行支援を担当した相談支援事業所が自立生活援助として退院後も支援。当初は週2回の定期訪問で服薬管理や食事の見守りを実施。退院後の課題にそのつど対応。支援者が訪問する生活に慣れてくると、最初は拒否していた居宅介護の利用希望に至る

Bさん
宿泊型自立訓練施設からアパート生活へ

宿泊型自立訓練施設で相談に応じていた職員が担当。糖尿病と統合失調症の服薬管理の支援や買い物の同行、ゴミの出し方や役所の手続き、家族関係の悩み相談などに週1回の訪問で対応。訪問看護を併用し、生活リズムが安定すると就労継続支援B型事業所にも通所を開始。1年後には生活をコントロールする自信がついたため利用を終了

Cさん
10年以上ひきこもり、二人暮らしだった父が死亡

短期間の入院後に自宅に戻ったが、一人暮らしの不安が大きく相談支援専門員の勧めで利用を開始。支援員は、ピアサポーターであり同じ障害をもつことからCさんは徐々に心を開く。一緒に掃除や買い物をするうちにCさんが働きたいと言い出したため、ハローワークや就労継続支援B型事業所の見学に同行し、その後、就労継続支援B型事業所の利用を開始。ピアサポーターとの外出を通じて、外出機会が増えて行動範囲も広がり笑顔が増えてきた

第1章　精神科で扱う病気や障害

第2章　精神症状とかかわりの工夫

第3章　精神疾患の薬物療法

第4章　さまざまな治療と支援

第5章　精神疾患のある人へのケア

第6章　精神疾患のある人へのケア実践

第7章　キーワードで学ぶ精神疾患とケア

12
就労支援

就労支援の概要

　精神疾患のある人が働く場や形態は、近年さまざまな種類が用意されています。「働くこと」の意味や求めるものは、生きがいの追求や自己実現、自分の特技や能力の発揮、経済的な安定、社会参加など、人によって異なります。このため、就労支援の基本は、**その人の価値観を理解し、希望に応じた働き方を応援する**ことです。

　精神科病院やクリニックでも就労支援や訓練の取組みがありますし、障害福祉サービス事業には多様な形態が設けられているほか、**ハローワーク**で行われる事業もあります。また、一般企業での**障害者雇用**や、精神疾患を発症した社員が働き続けられるように支援する仕組みもあります。

就労支援を要する人の多様性に応じた支援

　各種学校や大学を卒業すると同時に障害者就労する若者、精神科病院に長期入院していて中高年になってからはじめて就労しようとする人、転職を繰り返すうちに精神疾患の診断や精神障害者保健福祉手帳の交付を受けた人、精神疾患のために休職・離職し、復職や再就労（リワーク）のための支援を利用する人など、年代や職歴、障害の程度や能力といった特性に応じた支援をします。

　「職業訓練を受けたい」「体調や病状に合った働き方を知りたい」「自分の力を発揮して働きたい」「就職面接の練習をしたい」「働く上で必要なマナーやストレス対処法を身につけたい」「障害について職場で**適切な配慮**を受けたい」など、精神疾患や障害のある人のニーズに応じた支援に加え、**障害者を雇用する事業主に対して知識や技術を提供**したり、障害者が職場に適応できるように間を取りもつ仕組みもあります。

多様な支援メニュー

配慮や支援を受けながら働く
障害者差別解消法に基づく合理的配慮を受ける。職場ごとに規定された産業医判断による措置など

障害者総合支援法に基づく就労継続支援A型、障害者雇用促進法に基づく障害者雇用（トライアル雇用など）、特例子会社、都道府県労働局による各種メニューなど

就労や復職をめざす
障害者総合支援法に基づく就労移行支援、就労継続支援B型、ハローワークや地域障害者職業センターによるメニュー（リワーク支援、リハビリ出勤支援など）、精神科のリワークデイケア、地域活動支援センターや自立訓練施設で行う作業訓練など

就労支援のバラエティ

就労継続支援B型	就労継続支援A型	一般就労

精神科デイケアに週2日、就労継続支援B型事業所に週3日通っています。半年くらいして一人暮らしに慣れたら、アルバイトを探そうと思っています。

退院したばかりなので、治療と仕事の両立を重視して就労継続支援A型事業所で働いています。いずれは一般就労したいと考えています。

うつ病で休職しましたが、職場に合理的配慮をお願いして復帰しました。今は定時間内のみ、出張はなし、という勤務をさせてもらっています。

第1章　精神科で扱う病気や障害

第2章　精神症状とかかわりの工夫

第3章　精神疾患の薬物療法

第4章　さまざまな治療と支援

第5章　精神疾患のある人へのケア

第6章　精神疾患のある人へのケア実践

第7章　キーワードで学ぶ精神疾患とケア

第 4 章参考文献

- 竹田伸也編著「対人援助の作法―誰かの力になりたいあなたに必要なコミュニケーションスキル」中央法規出版、2018.

- インスー・キム・バーグ、磯貝希久子訳「家族支援ハンドブック―ソリューション・フォーカスト・アプローチ」金剛出版、1997.

- 東豊「新版 セラピストの技法―システムズアプローチをマスターする」日本評論社、2019.

- 日本作業療法士協会. https://www.jaot.or.jp/

- 日本精神科病院協会. https://www.nisseikyo.or.jp/

- 日本精神科看護協会. https://jpna.jp/

- 日本看護協会「資格認定制度 専門看護師・認定看護師・認定看護管理者」https://nintei.nurse.or.jp/nursing/qualification/cn

- 日本心理研修センター「公認心理師とは」http://shinri-kenshu.jp/guide.html

- 日本薬剤師会. https://www.nichiyaku.or.jp/

- 日本栄養士会. https://www.dietitian.or.jp/

- 田村綾子「障害者の地域移行・地域生活支援に関するサービス活用のためのガイドブック」令和元年度厚生労働科学研究費補助金（障害者政策総合研究事業）障害者の地域移行及び地域生活支援のサービス実態把握に関する調査

精神疾患のある
人へのケア

01

学習理論と行動分析

いいことがあるから繰り返す

人間を含めた動物がとる行動は、その行動をした結果、よいことがあったのか、なかったのかというこれまでの学習が基準になっています。**何かよいことがあるとその行動は増え、なければ減る**ように学習します。このような学習のプロセスを細かく説明するのが**学習理論**です。この理論に則って、適切な学習をし直すことで社会的に不利益な行動を変えようとするのが**行動療法**です。

周りの人が困る行動や、依存症や自傷などの本人の健康を損ねる行動でも、そこには、これまでの学習（理由）があるはずです。すぐには理解しにくい行動でも、**その人にとっては「今ここで一番よいと判断しているのかもしれない」**と捉えます。そして、行動が起きる背景や、行動が起きた結果を細かく分析（**行動分析**）すると、その人が何を学習したのかがわかってきます。

よりよい行動に変える

行動障害があるときには、**周りの人はついつい問題行動に注目**してしまい、何とかその行動を起こさせないようにと気をつけ、ときには叱ってやめさせようとします。しかし、それでうまくいかないときには、「叱る」という行為が「注目してくれた」という結果を生み出して、ますます行動を長引かせているとも考えられます（**維持要因**）。例えば、作業がつまらないときに大声を出すと、周りから注目され、作業を中断でき、イライラの気分は減る、と学んだのかもしれません。このように行動を細かく分析して、その**行動のきっかけとなる状況や、結果として周りの人がやってしまっていた対応を変え**て、別の行動を学習できるように工夫します。

第1章　精神科で扱う病気や障害

第2章　精神症状とかかわりの工夫

第3章　精神疾患の薬物療法

第4章　さまざまな治療と支援

第5章　精神疾患のある人へのケア

第6章　精神疾患のある人へのケア実践

第7章　キーワードで学ぶ精神疾患とケア

自分の思い通りに
ならない

大声を出す、
物を投げる

周りの人が
対応する

という現象があるときに

行動分析では

1 「思い通りにならない」を詳しく分析する

「苦手な作業」「また失敗するのではと考える」「前に叱られた体験を思い出して、やる前からイヤな気分」「朝たまたま悪いことがあった」など、きっかけとなる行動を分析する

2 大声や物を投げた後の結果に注目する

「みんなが注目してくれた」「苦手な作業をやらなくてすんだ」「イヤな気分がなくなった」「職員が10分間付き添ってくれた」などの結果に注目する

3 環境を変える

達成可能な作業に変える、実際に集中できる時間にする、「今日はよく我慢できた」と1日3回努力を認める言葉をかける、週2回職員と本人が楽しいことをする時間をつくる、など環境を変える

4 結果を変える

大声を出してしまったときは職員は「小さい声で話しましょう」と言う、
1分して声が小さくならなかったら別室で一人で過ごす、小さい声で話せるようになったら
戻ってくる、投げた物を自分で拾いに行く、など結果を変えるように対応を工夫する

5 評価

これらの工夫を決まった期間、例えば1週間続けて、前の週と行動の強さや回数を具体的に比較して効果を判定する

POINT

大声を出す、物を投げる、相手を驚かせるといった、子どもっぽい行動を減らし、大人にふさわしい社会的なふるまいを身につけられるように、計画を立てて援助することが大切

02

認知行動理論と認知療法

認知、行動、感情、身体の関係

　人の気持ちやふるまいは「よくわからない」「予想できない」といわれます。人それぞれ置かれた状況が違いますし、同じ状況でもいろいろな気持ちや考え方になるからです。この複雑な状態を理解するために、人間の状態を、考え（**認知**）、ふるまい（**行動**）、気持ち（**感情**）、身体（**身体反応**）の四つに分け、それぞれが互いに影響すると考えるのが**認知行動理論**です。脈拍や体温などの身体の状態や、怒りや不安などの感情は、自分の意思では変えられませんが、**考え方と行動はすぐに変えられます**。そこで、考え方を現実に合うように変えてみることで、気持ちを楽にして不安などの症状を軽くするのが**認知療法**です。さらに行動にも注目し、現実の状況に合わせて行動を工夫することで、症状や悩みを楽にしていくのが**認知行動療法**です。

精神科ケアでの応用

　認知療法は精神科では、うつ病や不安障害などの治療や再発予防、健康維持に使われます。例えば、うつ病の人に応用する場合には、「何かうまくいかないことがあるとすべて自分のせいだと考える」というパターンを「認知のゆがみ」と名づけて、陥りやすい考えのパターンを振り返ります。次に、視点を変えて別の考え方をすると、気持ちや身体の症状はどう変わるかを調べてみます。そして、**症状を軽くするためにバランスのよい考え方ができるよう援助**します。**認知行動療法**では考え方の援助に加えて、日常生活でできる具体的な行動目標を立て、**実際に行動して気持ちや身体の状態がどう変わったかを確かめます**。実際の治療では、具体的な生活場面を想定して練習することもあります。

第1章　精神科で扱う病気や障害

第2章　精神症状とかかわりの工夫

第3章　精神疾患の薬物療法

第4章　さまざまな治療と支援

第5章　精神疾患のある人へのケア

第6章　精神疾患のある人へのケア実践

第7章　キーワードで学ぶ精神疾患とケア

認知療法の手順

1 困った出来事の分析

実際に何が起きたのか
そのとき自分はどういう状態だったのか

2 自分の考え方のパターンに気づく

よくあるパターン▶「べき」思考、「どうせ」思考、「そもそも」思考、結論を早まる

3 そう考えたときの気持ちは？

自分の気持ちをわかりやすくするために、
「不安すぎて生活できない」→不安100%
「生活をやっていけそう」→不安0%
という具合に、数字にする方法がある
「なんて自分はダメなんだ」と考えると
自信喪失100%、「次も失敗したらどうしよう」
と考えると50%といったように、
考えと気持ちの関係をはっきりさせる

気持ちの点数化

不安レベル		
実際に何も できなくなる	いつも不安で 落ち着かない	なんとか やっていけそう
100%	50%	0%
「なんて自分は だめなんだ」	「次も失敗したら どうしよう」	「失敗したら 謝ったらいい」

自己喪失レベル

4 別の考えをしたときの気持ちは？

3の考え方を「本当にそうなのかな」「どれくらい本当なのかな」と確かめ、「ほかの人だったらどうだろう」「全く別の考え方は」などと、いろいろな考えを出す
「今までもなんとかなった」と考えたら不安は30%、「失敗したら謝ったらいい」と考えると不安は10%など、考え方と気持ちの変化に注目する

5 新しい考えを試す

気持ちが楽になる考え方を習慣づけるために、「3日間そう考えてみる」といった小目標を立ててやってみて、考え方と気持ちの変化に注目する。身体の状態や行動の変化にも気をつける

6 振り返る

少しでも効果があったことを正しく評価し、より楽になる考え方を工夫する

03

社会生活スキル
トレーニング (SST)

生活に役立つ行動を身につける

SST は Social Skills Training（ソーシャルスキル・トレーニング）のことで、社会的スキル訓練や生活技能訓練ともいいます。学習理論と認知行動理論に基づいたリハビリテーション技法で、統合失調症などの思考障害や認知機能障害といった**障害特性に合わせて、手順をはっきりさせて、具体的なやり方で行動を学べる**よう工夫されています。あいさつや人づきあいなどの社会生活を送るのに役立つ方法を学ぶことで、対人関係のストレスが軽くなって健康の回復へとつながっていきます。

病気を治すのに役立てるために、服薬管理や症状管理など、目的別の SST の方法も開発されています。また、精神科医療のほか、教育、就労、子育て支援、矯正教育や更生保護などの司法領域、職場のメンタルヘルスでも SST は活用されています。

SSTの進め方

話し合いや、他者のやり方をみることができるため、少人数のグループで行われることが多いのですが、本人と支援者のみの個人 SST としても実施できます。

グループでは、まず、話しやすい雰囲気をつくるためにウォーミングアップをして（導入）、参加者それぞれが練習したいことを決めます。そして、いつもの場面を短いロールプレイで再現してみんなの感想を聞き（**フィードバック**）、もっとよくするためにどうしたらいいのか意見を出し合います。よさそうなやり方があったら、ほかの人にお手本をやってもらい（**モデリング**）、それをまねて、現実の場面に合った行動を練習します。できそうなことが決まったら宿題として持ち帰り、実際の場面でやってみて、その結果を次回に報告します。

第1章　精神科で扱う病気や障害

第2章　精神症状とかかわりの工夫

第3章　精神疾患の薬物療法

第4章　さまざまな治療と支援

第5章　精神疾患のある人へのケア

第6章　精神疾患のある人へのケア実践

第7章　キーワードで学ぶ精神疾患とケア

SSTの進め方

1 本人が練習したい場面を決め、課題や目標を決める

2 いつもの様子を演技(ロールプレイ)する

3 参加者は「よかったところ」と「こうしたらもっとよくなるところ」を言う
(正のフィードバックと提案)

4 やってみたい方法を本人が選び、手本のロールプレイを見る

5 本人がロールプレイをする

6 練習した課題を宿題として、実際の場面でやってみて、次回に結果を報告する

ポイント1 正のフィードバックを受けて練習を繰り返すと、ほかの人とかかわって話すのが楽しくなって、現実場面でのコミュニケーションもうまくとりやすくなる

ポイント2 集団で行うとほかの人の方法がみられることや、自分の方法や意見がほかの人の役に立つという体験ができる

ポイント3 個人SSTでは、ほかの人に気を遣わずに練習できる

SSTのテーマ例

SSTにおけるテーマ例

日常のあいさつ	食事の誘いを断る
お願いの仕方・断り方	復職時のあいさつ
会話の始め方・終わり方	服薬の自己管理
忙しい人へ質問する	症状の自己管理

04

心理教育・家族教室

心理面に気を配り情報を伝える

心理教育とは、病気のある人に対して、気持ちや考え方などの心理面に配慮しながら、病気の知識や健康を保つ工夫を正しく知ってもらう援助方法です。主に統合失調症の心理教育がグループで行われているほか、うつ病や双極性障害などでも導入されています。家族に対して行うものを**家族心理教育**といい、集団で行うと**家族教室**と呼ばれます。

糖尿病教室やがんサロンのように、同じ病気を体験した人が集まって、病気の知識や最新の情報をともに学ぶ機会は増えています。本人や家族でないとわからないことを話し合い、経験をわかち合うことで、悩んでいるのは自分だけではないと実感でき、心の負担が大きく減ります。また、新しい情報を知り、**ほかの人の方法や考え方を取り入れる**ことで、自分の生活を工夫するきっかけとなります。

統合失調症の心理教育

統合失調症では、心理教育の手順が開発されています。まず、病気は心の弱さとは関係なく、脳の**ドパミン**が多いために周りの情報が脳に入りすぎてしまい、脳の誤作動が起きた状態と説明されます。そのためおかしな感覚や思い違いが起き、怖くて引きこもってしまうといった症状が起きます。次に薬やリハビリテーションなどの治療のほか、**症状にうまく対処する方法や、ストレスと上手につき合う方法を学びます**。病気の成り立ちや、どうしたらいいかを知ることで、自分や家族に起きている症状が理解でき、症状を軽くすることや再発予防につながります。心理教育では、症状があっても生活をよくしていくために障害福祉サービスなどがあることや、健康的なライフスタイルのために自分でできること、家族や職場で配慮してもらうといいことも伝えられます。

心理教育の効果　図

第1章　精神科で扱う病気や障害

第2章　精神症状とかかわりの工夫

第3章　精神疾患の薬物療法

第4章　さまざまな治療と支援

第5章　精神疾患のある人へのケア

第6章　精神疾患のある人へのケア実践

第7章　キーワードで学ぶ精神疾患とケア

心理教育の効果

・病気の症状や原因、薬物治療、リハビリテーションなどの知識が得られる
・病気を正しく理解することで、自らの体験を整理でき、治療に前向きに取り組めてアドヒアランス（→P.192）が高まる
・症状を自己管理しやすくなり、病気の悪化や再発が予防できる
・家族など周りの人が支援方法を理解できる

心理教育

本人

教育

統合失調症の症状・原因
薬物療法
リハビリテーション
ストレス対処
健康的な生活
社会資源

教育

家族心理教育

家族

心理的負担が軽くなり、
問題に対処できる

本人や家族が気持ちや考えを気兼ねなく話せるように、心理教育を行う部屋などの環境にも気遣いましょう。参加者同士が親しくなって、自助グループ（➡P.188）に発展することもあります。

05

障害者ケア
マネジメント

ケアマネジメントの手法と制度

ケアマネジメントは、本人の生活に関するさまざまなニーズに応えてサービスを組み合わせ、計画づくりや管理を決まった手順で進める方法です。身体や精神などの障害種別や、児童や高齢などの領域によらず共通の方法ですが、実際に提供できるサービスは制度などに大きく影響されます。高齢者では**介護保険**を利用し、要介護認定区分によって居宅介護支援事業所の**介護支援専門員**がケアプランをつくります。障害者では**障害者総合支援法**によって、相談支援事業所の**相談支援専門員**が障害支援区分によるケアプランをつくります。相談支援専門員は、精神保健福祉士や社会福祉士などの国家資格者や、障害分野での実務経験がある人などが研修を受けて認定されます。

障害者ケアマネジメントのポイント

ケアプランをつくるときには、やりたいことを病気や障害のせいで諦めることなく、リカバリーを支援する視点をもつことが大切です（➡ P.182）。本人の希望が大切ですが、要望（デマンド）とニーズは必ずしも一致しないため、**共同意思決定**（SDM）の概念（➡ P.192）も注目されています。ケアマネジメントには、障害福祉サービスや医療サービスの紹介や仲介だけでなく、計画通りできているかの**モニタリング**や、ニーズの変化と現実の状況に合わせた細かい**調整**、サービスがうまく機能しないときの**権利擁護**、自立支援協議会へ課題を出すことなど、さまざまな役割があります。精神障害の特性はもちろんのこと、制度や法律など障害支援に関係する状況を広く知った上で、地域にある**インフォーマルサービス**も積極的に使い、社会とのつながりを取り戻す視点が大切です。

第1章 精神科で扱う病気や障害

第2章 精神症状とかかわりの工夫

第3章 精神疾患の薬物療法

第4章 さまざまな治療と支援

第5章 精神疾患のある人へのケア

第6章 精神疾患のある人へのケア実践

第7章 キーワードで学ぶ精神疾患とケア

障害者ケアマネジメントの要素

障害者ケアマネジメントとは

障害者の生活を支援するために、本人の意向を踏まえて、福祉・保健・医療・教育・就労などの幅広いニーズと、地域のさまざまな社会資源の間に立って、複数のサービスを適切に結びつけて調整を図り、総合的かつ継続的なサービスの供給を確保し、さらには社会資源の改善および開発を推進する援助方法

障害者ケアマネジメント過程の手順

相談窓口

1 ケアマネジメントの希望の確認

再アセスメント

2 アセスメント
・ニーズ把握
・ニーズを充足する方法の検討
・社会資源の検討

3 ケアプランの作成
・原案づくり（仮プラン）
・ケア会議

4 ケアプランの実施
・直接的な支援
・間接的な介入

5 モニタリング
・支援の進捗状況
・サービスの細かな修正

6 終了

社会資源の改善および開発

・地域の社会資源の把握
・障害者、障害者団体への働きかけ
・地域住民への働きかけ
・行政機関等への働きかけ

06

アウトリーチ

必要なケアを届ける

アウトリーチ（outreach）とは、外に伸ばすことや、手を差し伸べるという意味の言葉で、病気や障害のある人の地域生活を支えるために、専門的な知識と技術のある専門職が、**本人が住んでいるところに出向き、さまざまなケア**をする活動をいいます。

医療のアウトリーチには往診や訪問看護（➡ P.110）があり、**精神保健福祉士**や**作業療法士、公認心理師**なども参加し、多職種で訪問している医療機関もあります。地域保健では、市区町村や都道府県の**保健師**による訪問活動が古くから行われています。

就労支援、引きこもり、自殺予防、児童虐待などの分野でも、医療や行政機関のほかNPOなどの市民団体によって、さまざまなアウトリーチが行われています。

精神科領域でのアウトリーチ

重度の精神障害のある人の在宅生活を支援するために、多職種チームによるアウトリーチによって医療を含めた支援を積極的に行う方法を**アクト**（ACT：Assertive Community Treatment、包括型地域生活支援プログラム）といいます。アメリカで1970年代に始まりました。再入院を大幅に防ぎ、就労できる人が増えるなど高い効果をあげたため、日本でも活動が広がりつつあります。

障害福祉サービスでのアウトリーチには、**地域移行・地域定着支援**（➡ P.118）や自立生活援助などがあります。地域生活を支えるためには、訪問看護などの医療サービスや、居宅介護（ホームヘルプ）や行動援護などが活用されます。このような多くの機関がかかわるアウトリーチ活動のニーズは高まっており、サービス同士をうまくつなげるために、**精神障害にも対応した地域包括ケアシステムの構築**が目指されています。

アウトリーチとは

支援が届いていない人へ、支援を届ける

発見し、出会う

支援の入り口をつくる

支援が届かない人を見つけて、個別に支援し、
ほかのサービスや社会資源につなぐ

精神科におけるアウトリーチチーム

精神科病院やクリニックなど

病気からの回復者

作業療法士

看護師

公認心理師

精神科医

精神保健福祉士

アウトリーチチームの対象

治療中断
統合失調症などの精神疾患が
疑われるが未治療
引きこもり状態
退院後に病状が不安定

訪問

チームを設置した病院は病床を削減でき、
外来中心の医療に転換

必要があれば受診に
つなげる

第1章　精神科で扱う病気や障害
第2章　精神症状とかかわりの工夫
第3章　精神疾患の薬物療法
第4章　さまざまな治療と支援
第5章　精神疾患のある人へのケア
第6章　精神疾患のある人へのケア実践
第7章　キーワードで学ぶ・精神疾患とケア

07

元気回復行動プラン
（WRAP）

精神疾患の当事者がつくったセルフマネジメントの手法

元気回復行動プラン（WRAP : Wellness Recovery Action Plan）は、精神障害がある人が**自分の健康を保つための方法を学び、実際にできる計画をつくる方法**です。アメリカの当事者であるメアリー・エレン・コープランドが考案したもので、精神疾患からの**回復（リカバリー）**や生活について主治医に尋ねたときに、はっきりとした答えがなかったため、自分でアンケートをつくって回復した人の特徴を調べました。そして、健康を回復するための方法を当事者同士や支援者と話し合ってできたのが WRAP です。

WRAP ではリカバリーに必要なこととして、①**希望**をもつ、②自分に**責任**をもつ、③**学ぶ**、④自分の**権利**を守る、⑤**支援**を求められるの五つを挙げ、そのためにできることをグループで話し合いながら、参加者それぞれが自分に合ったプランをつくります。

元気に役立つ道具箱と六つの行動プラン

元気になるためにできることを**元気に役立つ道具箱**としてリストアップしておき、それらをもとに、自分の健康を回復し保つためのプランを六つつくります。病気の再発を恐れて生活を制限するのではなく、どういうときに症状が悪くなりやすいのか、そのときにできることは何か、もっと悪くなったときにどうするかというように、状況を具体的に細かく分けて、そのつどできることをあらかじめ書いておきます。つくった計画は、自分の状態や生活の状況に合わせていつも見直して、現実の場面で実際に使えるものにしていきます。

このように WRAP は、自分に合ったやり方で健康を維持し、よりよい生活ができるように、**リカバリーを支援するための実践プラン**となっているのが特徴的です。

第1章　精神科で扱う病気や障害
第2章　精神症状とかかわりの工夫
第3章　精神疾患の薬物療法
第4章　さまざまな治療と支援
第5章　精神疾患のある人へのケア
第6章　精神疾患のある人へのケア実践
第7章　キーワードで学ぶ精神疾患とケア

WRAPのリカバリーの要素

①
**希望を
もっている**
前向きになれる
希望がある

②
**自分で責任を
もっている**
自分自身の健康や幸せに
主体性をもち、自分で
コントロールできる

③
**病気の回復を知って
そこから学ぶ**
同じ体験をもつ人や
支援者と話し合い、
知識を得て方法を学ぶ

④
**自分の権利を
守る**
自分の権利を知り、
その権利が他人からも
尊重される

⑤
**支援を
求められる**
自分一人で大変な
状況を抱えこまず、協力して
対応できる

WRAPの六つのプラン

元気に役立つ道具箱

1　日常生活管理
　　プラン

2　引き金に対処する
　　プラン

3　注意サインに
　　対処するプラン

4　調子が悪いときの
　　プラン

5　クライシスプラン
　　（危機的な状況に
　　　対応するプラン）

6　危機から脱した
　　ときのプラン

話し合いの進行役であるファシリテーターも当事者が担当するので、参加者の回復モデルになる

08 オープンダイアローグ

開かれた対話に徹する

　フィンランドの西ラップランド地方にあるケロプダス病院で1980年代に始まった、統合失調症などの精神疾患に対するケア手法です。**オープンダイアローグ**（Open Dialogue）とは「**開かれた対話**」を意味し、**本人を含めた関係者と治療者が集まって、全員で対話を繰り返す**ことが特徴です。通常は医療チームだけで話し合うような治療や介入の方針も、本人や家族の前で検討し、本人の同意なしには進めません。

　これまで統合失調症などの精神疾患では、症状があればできるだけ早く病院に行き、薬による治療を受けるよう勧められていましたが、オープンダイアローグでは対話に徹することが治療となり、**入院率や再発率が少なくなる**ことが世界的に注目されています。わが国では、地域ですぐに多職種が訪問できる体制づくりなどの、急性期治療を含めた精神疾患の治療システムのあり方を見直すきっかけにもなっています。

オープンダイアローグの実践

　本人や家族などから連絡があると、スタッフは24時間以内に訪問します。話し合いには、本人にかかわる人は誰でも参加でき、はじめから終わりまで本人を中心として進められます。スタッフは、本人の気持ちや考え方を批判せず、もっと知りたいという態度で話を聞きます。「本人の気持ちや考えはこうではないか」「この方針がよいと思う」といった**スタッフ同士の話し合いも秘密にせず、すべて本人や家族に見せる**という**リフレクティング**（reflecting）の手法が用いられています。人はそれぞれ意見や立場が違うため、1回の話し合いではっきりとした答えが出るとは限りません。結論を急がずに、曖昧で不安な状況であることをみんなで確認して、話し合いを何度も繰り返します。

対話を重視したかかわり　図

第1章　精神科で扱う病気や障害

第2章　精神症状とかかわりの工夫

第3章　精神疾患の薬物療法

第4章　治療と支援さまざまな

第5章　人へのケア精神疾患のある

第6章　人へのケア実践精神疾患のある

第7章　精神疾患とケアキーワードで学ぶ

フィンランドの実践研究

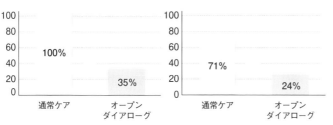

抗精神病薬を要した人

- 通常ケア 100%
- オープンダイアローグ 35%

2年間の再発率

- 通常ケア 71%
- オープンダイアローグ 24%

介入後に症状なし～軽度の人

- 通常ケア 50%
- オープンダイアローグ 82%

オープンダイアローグを導入した西ラップランド地方では
- 服薬が必要な人が減った
- 2年間の再発率は通常の治療では71%のところ24%まで減った
- 症状がよくなる人が増えた

Seikkula,J.,Olson,M.E.：The OPD approach to acute psychosis：Its poetics and micropolitics.Family Process,42（3）;403-18, 2003.

オープンダイアローグの対話実践の要素

1 何かあれば
24時間以内に話し合う

2 本人、家族、友人、同僚、専門職など、
みんなが社会的な視点をもつ

3 支援者は早すぎる結論づけを避け、
医療の導入のみを目的とせず、
はっきりしない状況を
受け入れる

4 臨床医学的な見方で
距離をとるのではなく、
一緒にいる感覚をつくっていく

09

ピアサポート

同じ立場の人が支え合う

ピア（peer）とは同等を意味しており、ピアサポートとは**同じ立場の人が知識や体験を分かち合い、互いに支え合う**ことをいいます。グループで行う活動を、**ピアサポートグループ**や**セルフヘルプグループ**（**自助グループ**）といいます。専門家から受ける支援とは違う視点、つまり経験した人でないとわからない知識や体験をもとにした視点で、自分の知識や体験を語り、それがほかの人に役に立つことで新しい支援関係ができます。これが、自らの**力**（**ストレングス**）（➡P.183）の発見や、**リカバリー**（➡P.182）へとつながります。がんや糖尿病など身体の病気でも、患者同士が集まって互いの体験を話し合う機会が増えています。

実際の活動

アルコール依存では**断酒会**や **AA**、薬物依存では**ダルク**（DARC）が全国的に活動しており、摂食障害などのさまざまなピアサポートもあります。統合失調症では「みんなネット」による**家族会**活動（➡P.188）がありますが、本人の活動は各地での小規模なグループが中心であまり組織化されていません。最近では**兄弟姉妹の会**や、親が精神障害者である**ヤングケアラー**の会なども増えています。

精神保健に関する知識や対人援助の技術をもち、自分の体験を活かして同じ立場の人を支援する人を**ピアサポーター**といいます。全国の自治体でピアサポーター養成講座が開催されており、2021（令和３）年からは障害福祉サービスで**ピアサポート体制加算**が認められたため、相談支援事業所などで働く人が増えています。海外ではこのような人を**ピアスペシャリスト**ともいいます。

ピアサポート

専門的な知識		体験的な知識	
治療者・支援者	患者・利用者	体験者	本人
専門家から知識や方法を教えてもらう		同じ立場の人の体験や考え方を知る	

専門的知識と体験的知識の両方が必要

これまでは専門的な知識が重視されていたが、体験による知識や当事者同士の交流の重要性が注目されるようになった
本人の権利擁護や、世の中が利用者中心の考え方になってきたこととも関係
自分の体験がほかの人に役立つことで、リカバリーやエンパワメントにつながる

セルフヘルプに関する全国組織

アルコホーリクス・アノニマス（Alcoholics Anonymous：AA）	アルコールを飲まない生き方を手にし、それを続けていくために自由意志で、匿名で参加するアルコール依存症の自助グループ。世界的な組織
断酒会	AAの取り組みを参考に、日本の文化などを考慮に入れ、独自の発展を遂げた自助グループ。断酒例会では参加者が自身の氏名を名乗る
ダルク（DARC）	さまざまな薬物依存や嗜癖行動からの回復を支援する組織 名称はドラッグ（Drug＝薬物）、アディクション（Addiction＝嗜癖、病的依存）、リハビリテーション（Rihabilitation＝回復）、センター（Center＝施設）の頭文字
みんなねっと（全国精神保健福祉会連合会）	精神障害者の家族と支援者の全国組織
地域精神保健福祉機構・コンボ（COMHBO）	「精神疾患をもつ当事者が主体的に地域で生きていくことのできる社会」の実現を目指して活動する組織

第1章　精神科で扱う病気や障害
第2章　精神症状とかかわりの工夫
第3章　精神疾患の薬物療法
第4章　さまざまな治療と支援
第5章　精神疾患のある人へのケア
第6章　精神疾患のある人へのケア実践
第7章　キーワードで学ぶ精神疾患とケア

10

成年後見制度

障害のある人の権利を守る

病気や障害のために、自分で判断することが難しくなり、**財産の管理や契約行為などに手助けが必要なときに利用**できるのが、成年後見制度です。任意後見と法定後見があり、家族や本人などからの申し立てによって、**家庭裁判所**が医師の診断書などを参考にして、**補助人**、**保佐人**、**後見人**のいずれかを任命します。成年後見人は、金銭や土地などの**財産管理**と、日常生活や治療、介護の手続きに関する**身上監護**を行います。

施設や事業所などによるサービスを利用するにあたり、成年後見人等は申請手続きや利用契約を代理します。成年後見人等には家族が任命されることが多いのですが、最近は弁護士、司法書士、社会福祉士・精神保健福祉士などの司法や福祉の専門職が任命される**第三者後見**や、権利擁護センターなどの専門機関が担当する**法人後見**が増えています。

権利擁護に関する社会問題

家族や親族のつながりを大切にするのはよいことですが、日本では大人になった障害者に対しても、身の回りの世話や金銭管理は、家族が支え続けるのが当然とされてきました。この負担はとても大きく、障害のある人の世話をする人が親のほかにいないことが、**親亡き後**の問題として、家族会では以前から課題でした。実際に、障害やひきこもりなどで社会参加ができない子どもの世話を、親が高齢になっても続けざるをえないという、いわゆる**8050問題**が明るみになっています。近年では、障害のある親の面倒を子どもがみている**ヤングケアラー**（家族のケアを担っている子ども）も注目されており、これらは、家族全体の健康に暮らす権利が守られていない複合的な問題です。解決には関係機関が連携した体制づくりが必要であり、成年後見制度の活用も有効な手段の一つです。

成年後見の分類とこれからの課題　図

第1章　精神科で扱う病気や障害

第2章　精神症状とかかわりの工夫

第3章　精神疾患の薬物療法

第4章　さまざまな治療と支援

第5章　精神疾患のある人へのケア

第6章　精神疾患のある人へのケア実践

第7章　キーワードで学ぶ精神疾患とケア

成年後見の類型

後見人の分類

後見　　保佐　　補助

後見人等ができること、できないこと

できること	契約、取り消し、医療保護入院の同意、予防注射の同意
できないこと	手術などの医療的な侵襲行為（身体を傷つける処置）の同意

成年後見人等の役割

身上監護	財産管理
本人の生活や健康の維持、療養等に関する仕事 住まいの確保、生活環境の整備、施設の入所契約、治療や入院の手続きなど 食事の世話や実際の介護などは含まれない	本人の財産を把握し管理すること 預金通帳や保険証書などの保管、年金や保険金の受け取り、生活に必要な経費の支払いなどを行い、出納帳に記録する

8050問題やヤングケアラーなどの複合的な課題

ヤングケアラー

就学年齢の子どもが親の介護や生活全般を担っている

8050問題

親が80代になっても50代の子どもの世話を続ける

11

障害特性に配慮した
ケア

時代背景と社会モデル

障害者権利条約の批准によって、わが国では国内の法整備が求められました。その結果、**障害者差別解消法**が成立し、障害を理由としてサービスの利用を拒否するなどの「不当な差別的取扱いの禁止」と、障害の特徴を理解し社会参加の機会が平等になるように対応する「合理的配慮」が定められています。合理的配慮とは、障害があっても普通の生活が当たり前にできるように、**できないところは合理的に助け、そうでないところは障害のない人と同じように扱う考え方**です。

この背景には、本人の特徴だけを障害として、治療やリハビリテーションで本人を社会に合わせようとする考え方ではなく、**社会のほうにバリアがあるために本人の活動や存在が社会に統合されていないことが障害**だとする、**社会モデル**の考え方があります。

精神障害の特性を考えた合理的配慮

精神障害を説明するとき、「生活障害」や「働くことの障害」があるといった表現は、広く一般の人に伝えるにはよいのですが、ときに病気が治らないと一人暮らしや仕事ができないなどと誤解されて、解決策が医療ケアに偏っていた背景があります。また、認知機能などの脳の基礎的な働きや、人間の行動や意思決定に関する科学的根拠に基づく理論が、ふだんの支援に活かされてきませんでした。支援者は、まず、精神疾患の基礎知識や、実際の生活や仕事の場面での援助に役立つ具体的な方法を知りましょう。そして、医療や障害福祉サービス、専門機関を使うだけではなく、普通の環境での暮らしを支援するために、本人の希望や考え方を重視するとともに、表面的な言葉に惑わされず、本人の気持ちや具体的な出来事に注目して解決方法を考えていきます。

合理的配慮の考え方

無配慮

配慮が何もない状態

平等

平等ではあるけど左の人はまだ見えない

公正

公正さが担保されて全員が見える

環境

環境を変えれば、ハンディはなくなる

精神障害に対する合理的配慮

思考障害のため混乱しやすい　→　具体的に一つだけ伝える

疲れやすい　→　作業の量を減らす

集中が続かない　→　作業を30分ごとに区切る

手順が覚えられない　→　次にやることを書いておく　図を貼っておく

音や光に過敏　→　耳栓やサングラス

障害のある人への
工夫を積み重ねる

誰にとっても
暮らしやすい社会

第1章　精神科で扱う病気や障害

第2章　精神症状とかかわりの工夫

第3章　精神疾患の薬物療法

第4章　さまざまな治療と支援

第5章　精神疾患のある人へのケア

第6章　精神疾患のある人へのケア実践

第7章　キーワードで学ぶ精神疾患とケア

12

社会資源

社会資源とサービス

　利用者のニーズを充足するために活用できる、制度・施設・機関・設備・資金・物品・法律・情報・集団・知識や技術等を総称して社会資源といいます。一般的には、医療サービスや障害福祉サービス、介護保険サービスなど、医療や福祉の制度によって用意されている公的なサービス（**フォーマルサービス**）が思い浮かびます。しかし、地域にある図書館や商店街、コンビニエンスストアなど、活用できるものはすべて社会資源であり、これらは公的なサービスとは違って**インフォーマルサービス**と呼ばれています。セルフヘルプグループ（➡ P.142）や家族会あるいはボランティア団体なども有用な社会資源であり、本人の暮らしを支える視点でみれば、さまざまな資源があることに気づくでしょう。**地域は社会資源の宝庫**なのです。

社会資源と利用者をつないでいく

　フォーマルサービスは、一定の要件を満たせば手続きによって利用可能です。しかし、身近にあるはずのインフォーマルサービスは、本人も支援者も利用を思いつかないことがあるため、**そこをつなぐこともソーシャルワーカーなど専門職の役割**です。

　例えば、仕事がしたければ、就労継続支援サービスの利用計画を立てるだけではなく、一緒にハローワークに行って求人票を書き、面接を受ける練習をしたり、手助けしてくれるボランティアを探したりといった活動もできます。もともとは家族のために料理をつくっていた人が、今は何もしていないなら、デイサービスの利用を勧めるだけでなく、近くにある料理教室や、公民館での調理活動、子ども食堂での調理の手伝いなどを紹介して、選択肢を広げることもできるでしょう。

地域に存在する社会資源

ハローワーク

図書館

就労支援

コンビニ

スーパー

行政
サービス

理美容院

利用者

食堂

介護保険
サービス

居住系
サービス

スポーツ
ジム

精神保健
サービス

医療
サービス

ボラン
ティア

友人

障害福祉
サービス

第1章　精神科で扱う　病気や障害

第2章　精神症状と　かかわりの工夫

第3章　精神疾患の　薬物療法

第4章　さまざまな　治療と支援

第5章　精神疾患のある　人へのケア

第6章　精神疾患のある　人へのケア実践

第7章　キーワードで学ぶ　精神疾患とケア

13

トラウマ
インフォームドケア

トラウマの十分な理解と支援

トラウマとは、誰にとっても大きな衝撃となる大災害や虐待などを経験した後に心に残る傷のことであり、**心的外傷**ともいいます。インフォームドとは、前もって理解していることを指します。**トラウマインフォームドケア**（TIC: Trauma Informed Care）は、**トラウマの影響を十分理解し、配慮して支援する方法**です。2000年頃から北米を中心に広がり、わが国でも医療、福祉、司法、教育領域などで使われるようになりました。

TICでは、周囲を困らせる行動をとってしまう人の背景に潜むトラウマを見逃さず、問題行動はトラウマ反応によるものだと考えます。そして、問題行動が現実では本人にとっての最善の方法であるという視点をもつことで、解離症状（➡ P.19）や、強い情動反応や自傷などの行動障害に対して、支援者が**落ち着いて対応でき、安全や安心を与えるケアへとつなげていく**ことができます。

精神疾患とトラウマインフォームドケア

TICでは、トラウマの影響と回復の可能性を理解（Realize）し、症状のサインに気づき（Recognize）、トラウマに関する十分な知識を統合して対応（Respond）し、再トラウマ化を防ぐ（Resist re-traumatization）、「**四つのR**」を重視します。

精神障害の領域では、発症前にトラウマや、それに類する体験を抱えていることがあります。また、発症後にも、医療保護入院や措置入院などの強制入院、病院での隔離や身体拘束の経験といった医療行為がトラウマ体験となってしまうこともありえます。制度運用や治療としては正しくはあっても、支援者の行為がトラウマの循環を生むことがあるため、それを防ぐTICの方法は非常に役立ちます。

トラウマを理解した支援　図

第1章　精神科で扱う病気や障害

第2章　精神症状とかかわりの工夫

第3章　精神疾患の薬物療法

第4章　さまざまな治療と支援

第5章　精神疾患のある人へのケア

第6章　精神疾患のある人へのケア実践

第7章　キーワードで学ぶ精神疾患とケア

TICの前提となる四つのR

Recognize
認識する

行動や症状はトラウマの影響によることを、本人も周りの人も認識する

Realize
理解する

トラウマの影響を理解し、そこから回復できることに気づく

Respond
対応する

トラウマの知識を支援システムに統合して対応する

支援にあたって
トラウマを受けると人や世界はどう見えてしまうのか想像する
自分もトラウマの影響を受けていないか注意する

Resist re-traumatization
再トラウマ化を防ぐ

ほかの三つのRを行いながら、積極的に再トラウマ化を予防する

再トラウマ化

| 意思に反する強制的な入院 | 児童虐待のある親と子どもを引き離す | 自供を迫る強迫的な行為 | 身体拘束や隔離 | 知識不足のため差別的な対応 |

支援者がよかれと思って行っている行為が再トラウマ化につながるかもしれないことに注意しましょう。

14

精神科
リハビリテーション

精神科リハビリテーションとは

リハビリテーションとは、本来は「回復」や「復権」を意味します。精神科医療機関で行われている**精神科リハビリテーション**には、主治医の指示に基づき、作業療法士、看護師、精神保健福祉士、公認心理師などの指導のもとに病棟や外来で行われるさまざまな活動があります。精神疾患や障害のある人は、発症年齢が若かったり、入院などの長期療養の結果、社会経験が乏しく本来獲得すべき能力や技術を身につけることができないことがあり、こうした場合に**新たなスキルを習得するための活動**も含みます。

代表的なものとして、精神科作業療法（➡ P.102）、社会生活スキルトレーニング（➡ P.130）、心理教育（➡ P.132）、精神科デイケア（➡ P.153）等があり、多くの精神科病院の病棟や外来で提供されています。各種医療保険や生活保護（医療扶助）の対象となりますが、食事代やプログラムによっては実費がかかる場合があります。

精神科デイケア

精神疾患の治療が精神科病院への入院中心から**地域生活中心**へと展開する過程で生み出されたリハビリテーションプログラムで、入院と外来の間を埋める機能をもちます。精神科医療機関の外来で、集団活動を中心としながら一人ひとりの目的に応じて多様なプログラムが提供されます。**デイケア**は1日6時間、**ショートケア**は3時間、**ナイトケア**は16時以降に4時間、**デイ・ナイトケア**は、デイケアとナイトケアを合わせた10時間です。精神科病院やクリニックに併設されており、費用負担には各種医療保険や生活保護が適用されます。

精神科リハビリテーションの主なプログラム

精神科作業療法	運動やレクリエーション、調理実習、創作活動、軽作業などがある。集団で行うことにより協調性や対人関係の改善を目指したり、自分の好みや特技に気づき自信をつけたりすることを目的としている
社会生活スキルトレーニング（ソーシャルスキルトレーニング：SST）	社会生活を送る上で必要なコミュニケーション能力などの獲得や向上を目的として、小グループで行う。認知機能に働きかけ、具体的な行動変容を促すよう訓練する
心理教育	精神疾患や障害のある本人、家族に対して、知識や情報の提供と問題や困難への対処能力の向上を目的として行う。個人を対象とすることもあるが、小グループで行われることが一般的
精神科デイケア	精神科医療機関の外来リハビリテーションのことで、集団活動を中心としながら社会生活技能の回復や獲得を目指し、一人ひとりの目的に応じて多様なプログラムが提供される

精神科デイケア・ナイトケア

スタッフ	医師、看護師、精神保健福祉士、作業療法士、公認心理師、栄養士など
目的	日中の居場所、仲間とのかかわりの場、社会性の獲得や対人関係のスキルの獲得、地域生活を送れるようにし、症状の改善や再発予防を目的とする
内容例	統合失調症の患者が急性期症状から回復して社会復帰を目指す際や長期入院から退院した直後などに、毎日通所することで生活リズムをつくったり、人との交流機会をもち、手芸や調理、スポーツや話し合いなどさまざまなプログラムを体験することで自分の特技や好きなことに気づくことができ、さらには、自信をつけて就労などの次なる希望を見出すことにつなげる うつ病の患者などが、復職や再就職を目指して利用するリワーク・デイケアでは、生活リズムの改善とともに仕事に必要なスキルの獲得や、対人関係の改善のためのプログラムが提供され、再発防止のために心理教育のほか、グループを活用した認知行動療法やストレスコーピング（対処法）などのプログラムが提供される

15 精神疾患のある人と支援チーム

■ チームアプローチの考え方

　多様な専門職や非専門職、複数の関係機関が協働し、チームとして対応することで重層的な支援ができます。**精神疾患のある人を中心に置くことが重要**で、本人の希望や目標をチームで共有してその実現を目指します。特に多機関がかかわるときは情報共有にあたって**本人の同意を原則とする**こと、チームを構成する全員が相互に役割や専門性を理解し、尊重し合うことが必要です。チームが円滑に機能するための**コーディネート役**は、一般的に精神保健福祉士や社会福祉士、相談支援専門員や介護支援専門員などが担い、**ケア会議**を開き、連絡を取り合います。なお、チームは、本人の状態や世帯の状況などに合わせて構成します。

■ チームアプローチの実際

　例えば、精神科病院からの**地域移行支援**では、主治医、看護師、精神保健福祉士、作業療法士、公認心理師、薬剤師などがチームとなり、本人の退院への意欲喚起をはじめ症状や服薬管理の練習、調理や金銭管理能力の獲得、退院後の生活のイメージづくりや住まいの確保などを支援します。

　さらに退院後の生活を見据え、地域の関係者として相談支援専門員、市町村役場の障害福祉担当者、地域活動支援センターの職員、ピアサポーター、介護事業所のヘルパー、訪問看護ステーションの看護師などが段階的に加わります。本人が高齢者であれば介護支援専門員やデイサービス施設の支援者が加わることもあります。このように**メンバーは固定的ではなく、各対象者の状態や状況に応じて柔軟に変化**します。

第1章　精神科で扱う病気や障害
第2章　精神症状とかかわりの工夫
第3章　精神疾患の薬物療法
第4章　さまざまな治療と支援
第5章　精神疾患のある人へのケア
第6章　精神疾患のある人へのケア実践
第7章　キーワードで学ぶ精神疾患とケア

地域移行の段階に応じた支援チーム

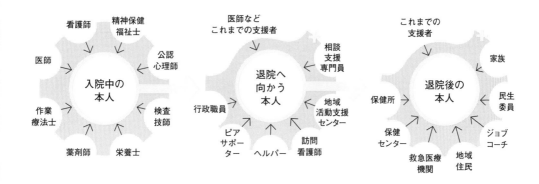

入院中の本人 — 看護師、精神保健福祉士、医師、公認心理師、作業療法士、検査技師、薬剤師、栄養士

退院へ向かう本人 — 医師などこれまでの支援者、相談支援専門員、行政職員、地域活動支援センター、ピアサポーター、ヘルパー、訪問看護師

退院後の本人 — これまでの支援者、家族、保健所、民生委員、保健センター、ジョブコーチ、救急医療機関、地域住民

対象者の特性に応じた支援チーム

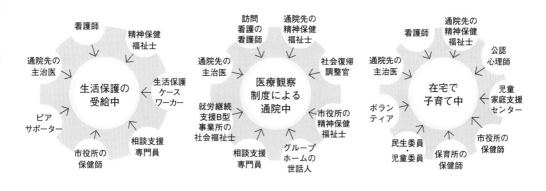

生活保護の受給中 — 看護師、精神保健福祉士、通院先の主治医、生活保護ケースワーカー、ピアサポーター、相談支援専門員、市役所の保健師

医療観察制度による通院中 — 訪問看護の看護師、通院先の精神保健福祉士、通院先の主治医、社会復帰調整官、就労継続支援B型事業所の社会福祉士、市役所の精神保健福祉士、相談支援専門員、グループホームの世話人

在宅で子育て中 — 看護師、通院先の精神保健福祉士、通院先の主治医、公認心理師、ボランティア、児童家庭支援センター、民生委員・児童委員、保育所の保健師、市役所の保健師

各対象者の状態や状況に応じて支援チームのメンバーは流動的に変化します。

第5章 参考文献

- ポール・A・アルバート、アン・C・トルートマン、佐久間徹他訳「はじめての応用行動分析 日本語版第2版」二瓶社、2004.
- 平井愼二「条件反射制御法—物質使用障害に治癒をもたらす必須の技法」遠見書房、2015.
- 熊野宏昭「新世代の認知行動療法」日本評論社、2012.
- SST 普及協会
  https://www.jasst.net/
- 鈴木丈、伊藤順一郎「SSTと心理教育」中央法規出版、1997.
- 野中猛、上原久「ケア会議で学ぶケアマネジメントの本質」中央法規出版、2013
- デボラ・J・オールネス、ウィリアム・H・ケネードラー、亀島信也他訳,「PACTモデル—精神保健コミュニティケアプログラム」メディカ出版、2001.
- アウトリーチネット（一般社団法人コミュニティ・メンタルヘルス・アウトリーチ協会）
  https://www.outreach-net.or.jp/
- 増川ねてる、藤田茂治「WRAPを始める!—精神科看護師とのWRAP入門—リカバリーストーリーとダイアログ WRAP〈元気回復行動プラン〉編」精神看護出版、2018.
- オープンダイアローグ・ネットワーク・ジャパン. https://www.opendialogue.jp/
- 相川章子、ピア文化を広める研究会「ピアサポート講座テキスト—ピアサポートを文化に!」地域精神保健福祉機構, 2021.
- 厚生労働省「成年後見はやわかり」
  https://guardianship.mhlw.go.jp/
- 外務省「障害者の権利に関する条約」
  https://www.mofa.go.jp/mofaj/gaiko/jinken/index_shogaisha.html
- 野坂祐子「トラウマインフォームドケア—"問題行動"を捉えなおす援助の視点」日本評論社、2019.

第 6 章

精神疾患のある人への
ケア実践

01

統合失調症のある人への支援

私らしさって
なんだろう

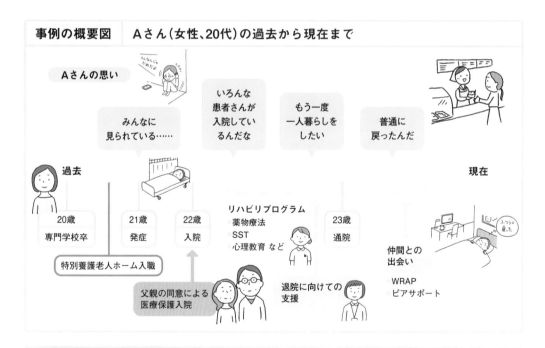

| 事例の概要図 | Aさん（女性、20代）の過去から現在まで |

Aさんの思い

みんなに見られている……

いろんな患者さんが入院しているんだな

もう一度一人暮らしをしたい

普通に戻ったんだ

過去　20歳　専門学校卒

特別養護老人ホーム入職

21歳　発症

22歳　入院

父親の同意による医療保護入院

リハビリプログラム
薬物療法
SST
心理教育 など

退院に向けての支援

23歳　通院

現在

仲間との出会い

WRAP
ピアサポート

事例を読むポイント

以下の点を意識しながら読んでみましょう。
　本人は精神疾患をどう体験しているのか、気持ちに寄り添い、つらさや苦労を想像してみましょう。
　精神科病院での薬の治療や、さまざまなリハビリテーションプログラムに着目しましょう。
　本人の希望や可能性に注目する視点や実際の方法を知って、実践に取り入れましょう。

仕事で頑張りすぎて〜発症の兆候

　私は、子どもの頃から人の顔色を気にして、自分の意見を言えないタイプでした。誰かの役に立ちたくて、介護福祉士を目指して地元を離れ、専門学校に入学し、卒業後は特別養護老人ホームに就職しました。認知症高齢者の介護は大変でしたが、利用者さんから「ありがとう」って言われると嬉しかったです。でも職場では苦労がありました。勤務調整のときに、ほかの人と休みの希望が重なるとすぐに譲っていました。新人だし、どう思われるかと気になって希望が言えなかったのです。休日にゆっくりショッピングを楽しんだりすることはできない生活でした。

　半年ほど勤めると、いろいろな仕事を任されるようになりました。人と話すのは苦手なので、入所者の家族への対応では特に緊張しました。アパートに帰ってからも、うまくできなかった、話し方を変に思われたのじゃないか、と考え込んでしまって気持ちが重くて……。そのうち、寝つけなくなったり物音が気になって夜中に何度も目が覚めたりするようになりました。食欲も落ちたので近くの内科を受診すると、睡眠薬と胃腸薬が出されました。それで少しは眠れるようになっても、仕事の緊張感は変わりませんでした。段々、帰宅しても家のことが何もできなくなり、部屋中が散らかっていきました。

みんなに見られている〜発症

　ある日、仕事帰りの電車で「ガマンばかりでイヤだ。仕事を休んで旅行に行きたいなぁ」と考えていたら、そばにいた高校生が「そうだよね」と言ったのでびっくりしました。その人は友達と話していましたが、ときどき「でも、それ仕方ないよ」と、わざと聞こえるように言うので、私のことを噂しているとしか思えません。帰宅後も「**どうして私の考えがわかったんだろう**」と怖くなり[※1]、ちょっとした物音でも誰かいるように思えて気になって仕方がありませんでした。

※1
自我と思考の障害
→ p.44

※2
妄想
→ p.42

それからは、**ずっと誰かに見張られている気がしていつもおびえていました**[※2]。同僚から「大丈夫？」と言われるのも恐怖で、仕事を早退するようになりました。ある日、上司から体調を聞かれ、「すみません、明日はちゃんと出ますから」と言って帰りました。その夜、自分の部屋にいるのに「だめだよ」と上司の声が聞こえて混乱し、「どうしてですか」「来るな！」と叫んでしまいました。翌朝、職場に電話しようとしましたが、指を動かそうとしても何かに邪魔されるようで、うまくできなかったのです。何とかスマホの電源を切って、アパートの部屋の隅で電気を消してじっと過ごしました。朝も夜も区別がつかず何日か経った頃、突然部屋に入ってきた両親から声をかけられたときは、「なんで知っているの!? こんなのおかしい」としか思えませんでした。

Aさんの後日談 私が欠勤して連絡がとれないのを心配し、職場から実家に連絡したことを後で知りました。今思えば、あのまま放っておかれなくてよかったです。

私は病気じゃないのに！〜非自発的入院のなかでの救い

両親に精神科病院へ連れていかれました。なぜか医師から入院を勧められましたが、頭が全然まとまらなくて、ただ私は病気じゃないと思っていたので断りました。でも、父親の同意で入院させられ「**医療保護入院**[※3]のお知らせ」という紙をもらいました。そのときのことはよく覚えていませんが、先生や看護師さんの「一人で大変でしたね、今は私たちに任せてゆっくり休んでね」という声は温かく、恐怖心だけはやわらぎました。

※3
医療保護入院
→ p.105

病棟では先生から「Aさん、怖い思いがしたり考えがまとまらないのは、**統合失調症**[※4]っていう病気のせいだから、お薬を飲んで治しましょうね」と言われましたが、はじめは納得できなくて拒否しました。でも、夜眠れないときに、看護師さんから「つらいよね、お薬飲んだらよく眠れるよ」

※4
統合失調症
→ p.6

第
1
章
精神科で扱う
病気や障害

第
2
章
精神症状と
かかわりの工夫

第
3
章
精神疾患の
薬物療法

第
4
章
さまざまな
治療と支援

第
5
章
精神疾患のある
人へのケア

第
6
章
精神疾患のある
人へのケア実践

第
7
章
キーワードで学ぶ
精神疾患とケア

と優しく言ってもらい少し安心しました。そして、徐々に看護師さんや看護助手さんと話すようになって、**この人たちのことは頼りにしてもよさそう、と思えるようになりました**[※5]。薬剤師さんも薬のことを詳しく教えてくれて、薬は私の状態にあったものに調整されていきました。

※5
不安と葛藤
→ p.48

　日中は、**作業療法士**[※6] さんと一緒に音楽を聴いたり、ほかの患者さんと簡単なゲームをする時間がありました。最初は余裕がなくて座っているだけでも疲れたけれど、「参加できてよかったね」とほかの患者さんが声をかけてくれて慰められました。何回か参加するうちに、いろんな患者さんが入院しているんだなとわかってきました。

※6
作業療法士
→ p.108

Dr. Toshiのワンポイントアドバイス

妄想への対応は「そうだね」と言うだけでは不十分です。話をよく聴き、様子を観察してそのときの本人の怖かった気持ちなどに気づき、不安な気持ちに対する共感を伝えましょう。

混乱した状態にあっても、説明を受けたことや丁寧に接してもらったことは記憶に残ります。特に、本人の意に反する非自発的な入院では、大切な一人の人として接する態度が、その後の治療に大きく影響します。

患者さんが薬を飲みたくない理由はたくさんあります。気持ちに寄り添い体験を聞かせてもらいましょう。

親身に話を聞いてくれる人の存在が安心感になり、治療の受け入れにもつながります。信頼関係は治療の効果を高めます。

病院で教わったこと～さまざまな治療プログラム

　人づきあいが苦手な私にとって、**社会生活スキルトレーニング（SST）**[※7]は役に立ちました。最初は、自分が困った場面を演じてみましょうと言われても恥ずかしくて無理でした。でも、ほかの患者さんが「きちんと相手

※7
社会生活スキル
トレーニング(SST)
→ p.130

を見ていましたね」「相手に気遣っていてよかったですよ」と褒められているのをみていたら、やってみようかなと思えました。参加してみて、私は遠慮してものが言えないタイプだけど、それでは周囲の人たちから見ると何を考えているかわかりにくかったんだなと気づきました。

統合失調症のことも勉強しました。**心理教育**[※8]では、この病気はドパミンが多いせいで起きることや、元気のない時期が続く人もいるけれど、再発を防ぎながら働けると知って救われました。**公認心理師**さん[※9]からは、気持ちを楽にするための考え方のコツを教わりました。

ただ、薬が効くことはわかったけれど、飲み始めて体重が増えたのが気になっていました。なかなか先生には言えなかったので、SST で学んだことを活かして看護師さんに相談してみたら、**管理栄養士**さんが来てくれて、食欲が出すぎて困っていることを話せました。そして、食事やおやつの食べ方の工夫を教わって食欲を抑えたり、主治医の先生に伝えてくれたおかげで、薬を変更してもらえました。

※8
心理教育
→ p.132

※9
公認心理師
→ p.109

どんな生活がしたいのかな〜退院に向けて

※10
精神保健福祉士
→ p.108

入院して1か月ほどで怖い気持ちはなくなりましたが、仕事のことを考えると気が重くなりました。**精神保健福祉士**さん[※10]と退院に向けて相談するなかで、職場からはゆっくり休んでいいと言われていると聞いて安心したものの、都会での一人暮らしに戻って仕事を続けられる自信はありませんでした。職員さんたちは私の気持ちを聞いてくれて、退職するのはもったいないけど、A さんが楽になれるのはどんな生活かしらね、と一緒に考えてくれました。何度も話し合ううちに、実家に戻ろうと思い始めました。

病院には精神保健ボランティアの女性が来ていました。親しくなっておしゃべりするうちに、退院したら一緒にショッピングモールに行く約束ができました。仕事をやめたのは残念だけど、また働けばいいよとも励ましてくれました。それに、ヘルパーに家事援助をしてもらえると知り、もう一度一人暮らしをしたいと思うようになりました。

私は、いつかまた働きたいと思ったので、退院後は精神保健福祉士さん
が勧めてくれた**就労継続支援**※11 事業所でリハビリしようと思いました。市
役所の紹介で**相談支援専門員**※12 さんが事業所見学に連れて行ってくれまし
た。でも介護の仕事はないし、お金があまりもらえないのも気になりまし
た。そこで、相談支援専門員さんと相談して、アルバイト探しなど退院後
の計画を練り直しました。

※11
就労継続支援
→ p.122

※12
相談支援専門員
→ p.114

Aさんを支えた多職種チームのスタッフの声

看護師

はじめはAさんに安心してもらいたくて、ベッドサイド
に並んで座って話を聴きました。退院カンファレンスでは、
Aさんはほかの患者さんに過干渉なところが問題という意
見が出ましたが、それは「他人を世話する能力」だと話し
合い、Aさんにも自信をもってもらいたいと考えて、なる
べく伝えるようにしました。

精神保健福祉士

Aさんは責任感が強く、一人暮らしと仕事の両立をしなけ
ればという義務感が強かったです。精神保健ボランティア
さんとの出会いから、生活の楽しみを教わったようでし
た。入院中に、退院後の生活についてあれこれ話すうちに
退職をご自分で決められたのもよかったと思います。

相談支援専門員

退院や仕事を考えたとき、もう少しよくなってからにしま
しょうと止めるのではなく、可能性や希望に寄り添って、
どうやったらできるか一緒に考えることは、ご本人の主体
性を伸ばします。働きたいというAさんの話を聴き、
IPS※13 など普通に就職してジョブコーチから支援を受ける
方法もいいのではないかと思います。

※13
IPS
→ p.187

「仲間」との出会い～居場所を見つける

　精神保健福祉士さんと一緒に公営住宅の障害者枠の入居申請に行き、契約ができたので、相談支援専門員さんも交えて退院後の計画を立てました。そして、何度か外泊してから退院しました。ヘルパーさんと**訪問看護師**[※14] さんが週何回か来てくれて、薬や治療のこと、生活の細かい相談にのってくれました。ヘルパーさんには部屋の片づけをお願いしたり、簡単で栄養のある食事を一緒につくりました。

　昼間は相談支援専門員さんの職場にある**地域活動支援センター**も利用しました。みんな気ままに過ごしていて、ときどき話し合いの時間もありました。そこで、**自助グループ**[※15] 活動のことを知りました。あるメンバーさんの空き家だった実家に週１回集まり、フリートークやテーマを決めた話し合いをしていました。そこでは、私が前に体験した、人から見られているという話は普通に通じました。「テレビの電源のところが赤く光っているのは怖い」という人がいて、私も眠れない夜に真っ暗な部屋で家電製品の光を見るとたまらなく不安だったことを思い出しました。「私もそうだった」というと「やっぱり、怖いよね」と共感してもらえて、**自然なやりとりができてすぐに打ち解けました**[※16]。

自分らしさを取り戻す～エンパワメント

　自助グループの食事会で、みんなと一緒に料理をつくるのは楽しみでした。私のレシピが好評で、10人以上も集まったことがあります。慌ててお肉を買い足したり、大勢の食事をつくって片づけるのは疲れましたが、「おいしいね！」「ありがとう」と喜んでもらえて嬉しかったです。

　時々、市の**保健師**さんも訪れてくれました。私が病気についてわからないことがあると話したら、勉強会を開いてくれました。精神保健福祉センターから精神科医と精神保健福祉士がやってきて、病気の対処法や福祉制度の説明をしてくれたのです。

※14
精神科訪問看護
→ p.110

※15
自助グループ
→ p.188

※16
ピアサポート
→ p.142

　勉強会のなかでも**元気回復行動プラン（WRAP）**[17]は充実していました。病気の経験者が会の準備や司会をする様子を見て、自分の健康のためにできることを書きとめるうちに回復を信じられるようになって、健康にも自信がもてるようになりました。WRAP のワークショップに 3 人の仲間と泊まりがけで参加したこともあります。以前はしたくても叶わなかったし、入院中はあきらめていた旅行ができたのです。発病後はじめて都会に行き、ホテルの部屋のベッドで、私は「普通に戻ったんだ」としみじみ感じることができました。

[17]
元気回復行動
プラン（WRAP）
→ p.138

やっぱり仕事がしたい〜新たな暮らしに向けて

　相談支援専門員さんが私に、介護施設でのボランティアを紹介してくれて、私は勇気を出して始めました。朝のお迎えのための早起きには苦労しましたが、生活が規則的になりました。何度も同じ話を繰り返す認知症の人や、口調が怖い人もいましたが、私は具合が悪かったときにじっくり話を聞いてもらうと安心できたので、そっと寄り添うようにしました。ほかの職員さんからコツを聞かれて、自分の体験を話したこともあります。そのうちバイト代をもらうようになり、正規職員の誘いも受けました。介護福祉士の資格もあるし高齢者支援はやりがいがありましたが、私自身、医療とのかかわりが長くなってきたので、「病気」や「障害」から離れて働きたいとも考えました。

　自助グループでの食事づくりやアルバイトを通じて、私は誰かに喜んでもらうのが好きなんだと気づきました。そこで、開店したばかりのジェラート店の求人に応募し、働き始めました。ヘルパーを 1 年ほど利用したことで、家事と仕事のバランスもわかってきました。今でも、忙しい日が続くと、誰かから見られているような感じはします。でも、意識して長めに寝て、頓服薬を飲むと 1 週間くらいでよくなり、混乱することはありません。相談できる仲間の存在も安心につながっています。

02

うつ病のある人への支援

仕事も自分も大切

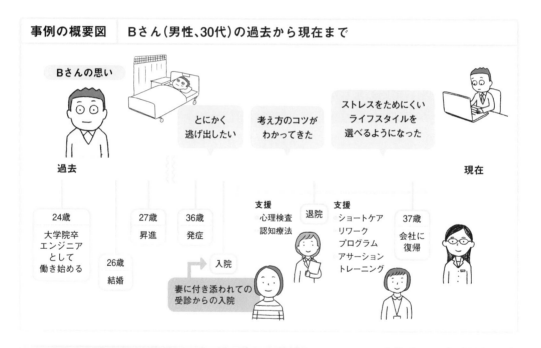

事例の概要図　Bさん（男性、30代）の過去から現在まで

Bさんの思い

とにかく逃げ出したい

考え方のコツがわかってきた

ストレスをためにくいライフスタイルを選べるようになった

過去　　　　　　　　　　　　　　　　　　　　　　　　　　　　　現在

24歳
大学院卒
エンジニア
として
働き始める

26歳
結婚

27歳
昇進

36歳
発症

入院

妻に付き添われての
受診からの入院

支援
心理検査
認知療法

退院

支援
ショートケア
リワーク
プログラム
アサーション
トレーニング

37歳
会社に
復帰

事例を読むポイント

以下の点を意識しながら読んでみましょう。

精神疾患は、家庭や仕事などの生活にどのような影響を与えるでしょうか。

病気の回復や健康増進には、どのような生活スタイルが望ましいか考えてみましょう。

リワーク（復職）支援のかかわり方のポイントを知って、実践に取り入れてみましょう。

ワークライフバランスの崩れ～発症の兆候

　まさか私が精神科の患者になるとは思いませんでした。大学院を出て先輩が多数いる大手企業に就職、エンジニアとしてバリバリ働いていましたから。昇進も同期のなかでは早いほうでしたよ。

　発症のきっかけは、コロナウイルス感染症が流行って在宅ワークが増えたことです。前から残業はかなりありましたが、休日は家族との外出や趣味もあってメリハリがあったんですね。ところが自宅で夕食後や休日もパソコンを開くことが増え、メールの返事がこないとイライラし始めました。会社ではちょっと話せばすむことも、文字だと伝わりづらくて無駄に時間をとられます。出社しないからメールやオンライン会議ばかりで成果も実感できないし、不安で夜中にパソコンを開けるのが習慣になっていました。**寝つきが悪く、朝はどんよりして頭痛でやる気も出ないし**[1]、効率はどんどん落ちました。**ワークライフバランス**が完全に崩れていましたね。

※1
うつ病
→p.8

「病気」だったのか～精神科治療のはじまり

　半年で体重が5kgも減ったので、まずいと思って会社の健診センターに相談したところ、精神科の受診を勧められました。医師から「かなり頑張っているようですが、つらそうですね」と言われ、気持ちが張り詰めていたことに気づきました。

　睡眠薬[2]が出されて眠れるようになり、もう大丈夫と思ったものの、仕事の効率は一向に上がらず焦りました。会社には迷惑をかけたくなくて相変わらず夕食後も仕事をしたのですが、ミスが増えてクレームにつながってしまいました。どうにか気分転換しようにも身体が重くて気乗りもしません。主治医に**意欲が出やすいタイプの薬に変えて**[3]もらいましたが、飲むと動悸がひどくなって、僕はどうなってしまったのかと……。

　会社の健診センターの**保健師**に訴えたら、仕事の分担について上司に相談することを勧められ、上司からは「メンタルが弱っているようだから、

※2
睡眠薬
→p.82

※3
抗うつ薬の種類
→p.77

産業医に相談して少し仕事を休んでは」と言われました。そのときにはじめて「自分はメンタルの病気なのか？」と怖くなりました。でも、そんな弱い奴だと思われたくなくて、少しの間はちょっとだけ仕事を減らしてもらってなんとか頑張るつもりでした。ところが、次第に朝から憂うつでどうしようもなくなっていき、部下からのメールにもうまく反応できず、電話にも出られなくなってしまいました。

逃げ出したかった〜入院治療

次の診察には妻が同行しました。ベッドから起きられない日もあることなどを妻が主治医に話すと「死んだほうが楽だ、と思い詰めてしまうこともありましたか」と聞かれ、思わずうなずきました。これまで本音を隠していたことを責められるかと思いましたが、「無理を重ねて、本当によく頑張りましたね」と認めてもらえたときは涙が出ました。そして、勧められるままに**任意入院**[※4]しました。今思うと、とにかく逃げ出したかったんです。病棟のベッドに横になると、もう僕は終わりだという重苦しい気持ちでしたが、しばらくは仕事をしなくていいんだ、とどこかホッとしていたのかもしれません。

抗うつ薬[※5]が出されて、しばらくするとよく眠れるようになりました。ただ、仕事が気になってパソコンを開くのですが、やっぱりやる気が起きませんでした。一日中眠っていたい感じで、看護師から「焦らないでくださいね」と言われても、もう仕事はできないのか、病気が治らないんじゃないか、と不安が増すばかりでした。

※4
任意入院
→ p.105

※5
抗うつ薬
→ p.76

Dr. Toshiのワンポイントアドバイス

不眠は、うつ病の予兆として出やすい症状です。周囲からみて調子が悪そうなときは、まずよく眠れているかを尋ねると、本人も自分の不調に気づきやすくなり、早期対応につながります。

責任感が強い人は「自分が頑張らなくては」と思って無理をしがちです。家族や同僚が気づいて休養を勧めるのも、予防策として有効です。

薬を飲んでしばらくすると楽になりますが、回復の途中でもとの生活スタイルに戻すと、症状が再び強くなる人が多いです。支援者は、本人の焦る気持ちを理解しつつ、行動変容や環境改善に向けて働きかけましょう。

自分を変える〜復職に向けて

　病院での**心理検査**[6]の後、公認心理師から性格特徴の説明を受け、思いあたることがたくさんありました。しっかり責任を果たさないと気がすまないし、人からよく思われたくて言うべきことを我慢するからストレスをためやすかったんです。それで、**認知療法**[7]が始まりました。考え方を無理に変えても本音までは変えられませんよねって言ったら、「そう考えると治らない気がしてさらに落ち込みませんか」と返されてしまいました。実際、とにかく病気を治したかったのでやってみるうちに、結論を決めつけすぎる自分の癖に気づき、気持ちを楽にするための考え方のコツがわかってきました。ただ、実際にそれを実行できるかどうかは別の話でした。

　退院後は、精神保健福祉士の勧めで**ショートケア**[8]の**リワーク**プログラムを利用しました。仕事を短時間勤務にさせてもらって3か月ほど通ったんです。職場の理解があって助かりましたが、復職を目指す人のリワーク支援にはいろいろなメニューがあるんですね。特に**アサーショントレーニング**[9]は、復職を目指す人たちと、相手の気持ちに配慮しながら自分の言

※6
心理検査
→ p.100

※7
認知療法
→ p.128

※8
ショートケア
→ p.152

※9
アサーショントレーニング
→ p.170

いたいことを伝える方法を学べて、人づきあいのストレスが減らせそうな気がしました。

 PSW. Ayaのミニレクチャー

✓ **リワーク支援**※10 は、**精神科デイケア**等の枠組みで行っているもののほかに、**地域障害者職業センター**や**精神保健福祉センター**をはじめ、**就労継続支援 B 型事業所**等でもプログラムを提供しているところがあります。

✓ 休職しながら**認知療法**や**アサーショントレーニング**などのリワーク支援を受けるほかに、**時間短縮勤務**や**リハビリ出社制度**を設けている会社もあります。

✓ リワーク支援でグループ活動を取り入れているところでは、修了した人を対象にした「**ホームカミング**」などと呼ばれる同窓会のようなプログラムもあります。

✓ 働く人のメンタル不調の防止策としては、心理的負担の程度を把握するための検査や、結果をもとにした医師の面接相談を職場が提供する**従業員ストレスチェック実施制度**があります。

※ 10
就労支援
→ p.122

▶ 新たな働き方を身につける〜支援の効果

コロナ後は、元のように出勤する人が増えていき、ショートケア修了後、週3〜4日は1日勤務するようになりました。ところが、朝から出勤し、仕事を終えて帰宅するとぐったりです。診察で、もうもとのようには働けないのではないかと思うと話すと、共感してもらえました。さらに「そう考えていると、気持ちはどうですか」と問われてハッとしました。悪く考えて自分を追い込んでしまう悲観的な思考の癖がまた出ていたんです。

公認心理師との面接で、朝起きて出勤できたことや、久しぶりに同僚や部下と直接会って会話ができたこと、そして長時間パソコンに向かって集中できたことなど、「できていること」を再確認させてもらいました。今は、自分でもそういう考え方を習慣づけようと意識しています。

病気の意味〜「弱さ」を「強み」に変える

　仕事に完全復帰してからもしばらく通院と服薬を続けました。リワークデイケアの「**ホームカミング**」プログラムにも顔を出しています。あるとき、休職中の方たちにBさんのリワーク体験を語ってほしいと頼まれて、こんな話をしました。

　「発病前は、自分でつくり上げた理想像を、いつの間にかあるべき姿だと考えていて、できない自分を認められず、それが強いストレスになっていました。在宅ワークのせいもありますが、人の評価が気になるし視野は狭くなり、その結果、生活は乱れ、追い詰められていきました。まるで伸びきったゴムのような状態になって妻や上司に心配をかけました。

　主治医のほか公認心理師や精神保健福祉士、それに会社の保健師や産業医など専門家をはじめ職場の上司や、リワーク支援の利用者仲間にも助けられて学んだことがあります。

　仕事がうまくいかないとき、理想を求めすぎて無理を重ねていたから、うつの症状が出て教えてくれていたんです。治療には、自分の思考パターンや対人関係の工夫、睡眠や食事など生活習慣の改善や、職場環境に働きかけることも必要でした。それは今も意識しています。自分のコンディションに気を配りストレスをためにくいライフスタイルを選べるようになったのが、病気になった意味かなと思います。これからは中間管理職として、部下のメンタルヘルスにも気をつけて、職場環境改善に取り組んだり、部下の頑張っているところを褒めて、強いストレスのせいで生活が乱されたりしていないかと声をかけたりしたいと思っています」。

03

依存症のある人への支援

酒に振り回されない
自分の人生

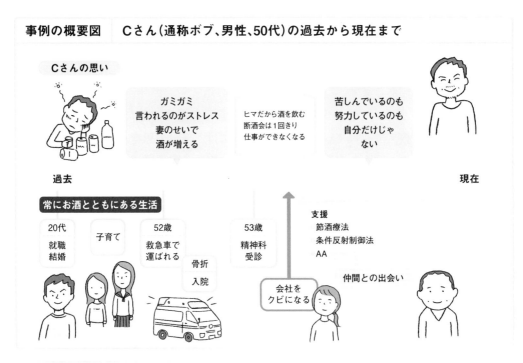

事例の概要図　Cさん（通称ボブ、男性、50代）の過去から現在まで

Cさんの思い

ガミガミ
言われるのがストレス
妻のせいで
酒が増える

ヒマだから酒を飲む
断酒会は1回きり
仕事ができなくなる

苦しんでいるのも
努力しているのも
自分だけじゃ
ない

過去　　　　　　　　　　　　　　　　　　　　　　　　　　　　　　現在

常にお酒とともにある生活

| 20代就職結婚 | 子育て | 52歳救急車で運ばれる 骨折 入院 | 53歳精神科受診 |

支援
節酒療法
条件反射制御法
AA

仲間との出会い

会社をクビになる

事例を読むポイント

以下の点を意識しながら読んでみましょう。
　依存行動は、仕事や家族関係にどのような影響を与えているでしょうか。
　依存症が進行し回復する過程で、本人はどう感じ、どう考えていたのか想像してみましょう。
　依存症支援における特徴的なアプローチについて理解し、実践に取り入れてみましょう。

私の酒歴〜アルコール依存症の自助グループで

アルコール依存症[※1]の「ボブ」です。こんな大勢の前で酒歴を話すのははじめてだし、口下手なんでうまく話せる自信はないけど、気取っても仕方ないから素でいきますね。

私は、自分で言うのもなんだけど、真面目な性格で塗装の腕も認められていたほうでした。妥協は許せないから他人の仕事にも厳しかったな。家族は妻と娘二人、でも子育ては妻任せでしたね。仕事の後、一人で飲むのが好きで、飲んで帰るから家族には嫌がられていたかもしれません。仕事が立て込むと徹夜明けに朝から飲むことも珍しくなかったです。

健康診断で肝臓の数値が高いとか高脂血症だのメタボ症候群だのって検査を勧められたり、お酒を控えるようにも言われましたけどね、飲めるうちが花だと思っていましたよ。

いつ頃からかなぁ、お酒を飲んだ後でも車を運転して帰るようになっちゃって、妻から「飲酒運転なんて信じられない」と責められるとひた隠しして。それでも疑ってうるさく言われると逆ギレして怒鳴りつけたり。今思えばひどい話だけど、あの頃は「ガミガミ言われるのがストレスだ、お前のせいで酒の量が増えるんだ」なんて、妻のせいにして飲んでました。

※1
依存症
→ p.24

身体を壊す〜断酒のきっかけ

よく覚えてないけど、夜中に救急車で運ばれたんですよ、玄関で血を流して倒れていたらしくて。気づいたら整形外科の病棟で、緊急手術のあとでした。鼻と右手の骨折。でも、なんでこんなとこにいるんだ、しかも右手骨折なんて言われれちゃ仕事だってできない。あわてて「帰らしてくれ」と言ったら注射打たれて。あとで呆れ顔の妻から聞いた話では、ずいぶん暴言を吐いて精神科の医者に**アルコール離脱せん妄**[※2]って診断されたんだと。整形外科医と精神科医からは酒をやめるように言われました。こっちは興奮した覚えはないけど骨折には参っちゃって、「酒はやめます」と答

※2
意識と記憶の障害
→ p.38

※3
アルコール依存
症治療薬
→p.84

えました。なんだか**酒をやめるための薬**※3もあるって話だったけど病気でもないし。「決めたからにはやめますよ」って言い返しました。

仕事を失う〜酒に逃げる日々

骨折が治るまで仕事には行けませんでした。ヒマだからつい酒を飲むようになると、妻にはなじられましたがほかにやることもないし。車を運転するわけじゃないからいいと思ったけど、段々飲む量は増えていました。

ある日、右手のリハビリで通っていた総合病院で、医者から精神科受診を勧められました。妻が勝手に相談していたみたいです。見張られているようでムカついたけど、飲まないって言いながら飲んじゃってたから気まずくて。それで、**断酒会**※4の案内を渡されて行ってみたけど、酒を飲んだ後悔の話ばっかりで気が滅入っちゃって、1回きりでやめました。

※4
家族会
→p.188

右手が治って仕事に復帰しましたが、手が震えたり作業中にドキドキしたり冷や汗が出るんです。完璧な仕事が自慢だったのにすっかりダメになって、酒で紛らわすしかないですよ。休みの日は朝から飲むのが当たり前になって、妻だけでなく娘たちも口を利かなくなりました。そのうち朝起きられなくて無断欠勤が重なり、とうとうクビになりました。

断酒生活のはじまり〜動機づけ

朝から飲んだくれて家でゴロゴロしている自分を見かねた妻が、今度は**依存症支援拠点**の保健所に相談したようでした。精神科医と保健師が来て、酒を飲むわけを聞かれたから「酒を飲んで死ねれば本望」と答えました。すると医者は「そうなんですね」と否定せず認めて「どうしてそう思うんでしょう」なんて、うまく話を聞いてくれたんですよ。家でも孤立しちゃってるけど、こんな人生じゃなかったはずで、ちゃんといい仕事して金を稼いで、家族と楽しく暮らしていたはずだと打ち明けました。「寂しくて飲むんですね」と言われて、そうか自分は寂しいのか、とはじめて気づきま

した。確かに酒は寂しさを一時忘れさせてくれる。でも、酔いから醒めると余計に寂しくなることを認めるきっかけになりました。

ただ、飲酒に対する気づきはあっても**習慣は変わらないから、すぐ飲み**たくなりますよね※5。訪問してくれた保健師にそう言ったら、**節酒療法**や**条件反射制御法**、自助グループの参加などを提案されました。

※5
依存物質、依存行動
→ p.52

Dr. Toshiのワンポイントアドバイス

節酒療法

飲酒量を減らす治療のことをいいます。ボブさんは断酒を勧められて承諾したのに、結局飲んでしまったことに後ろめたい気持ちがあり、また断酒のことを言われるだろうと思うと治療に前向きになれないという悪循環に陥っていました。そのようなときに、節酒の方法を伝えて治療のモチベーションを維持し、生活支援もして現実的な害を低く抑える「**ハームリダクション**※6」の方法が役立ちます。

条件反射制御法

刺激となる物や状況に実際に直面させ、自動的に起きる思考や身体の反応を回避しないことで、その反応を減らし状況に慣れていく方法です。ボブさんは、いつも飲んでいた発泡酒の缶を手にもって、「今は飲めない」と意識して飲まずにやり過ごす練習を何百回も繰り返しました。最初はスタッフが訪問し、徐々に一人で頑張って、くじけそうなときは電話でサポートを受けていましたね。

※6
ハームリダクション
→ p.84

AAに参加〜仲間との出会い

断酒会も勧められたけど、前に同じ自治会の人がいたし……といったら今度は**AA**※7を紹介されました。しぶしぶ行ってみたら、皆さん名乗らずあだ名みたいなのを呼び合っていて、なんとなく肩の力を抜いて参加できましたよ。私はボブと名乗りました。

人の体験談は、自分と似ていると思ったり、こりゃあ自分よりひどいな

※7
自助グループ
→ p.188

第1章 精神科で扱う病気や障害

第2章 精神症状とかかわりの工夫

第3章 精神疾患の薬物療法

第4章 さまざまな治療と支援

第5章 精神疾患のある人へのケア

第6章 精神疾患のある人へのケア実践

第7章 キーワードで学ぶ精神疾患とケア

と思ったり。でも、苦しんでいるのも努力しているのも自分だけじゃないんだとホッとしましたね。

　あるとき、仕事がなかなか見つからなくて妻からは白い目で見られるし、イライラしてふと自販機で缶ビールを買って公園で飲みました。そのことを、思い切ってミーティングでよく会うマックさんに話したら、自分もあったよって。少しも責めないで「よく勇気を出して話してくれたね」って。そのときに、丸ごと受け入れてもらえているというか、ここには「仲間」がいるんだなって実感できました。

マックさんより ボブさんはちょっとカッコつけやなところがあるけど、ここでは気取らなくていいよって言ったんですよ。私たちはみんなアルコール依存症です。そのことを認め合って支え合って一緒に酒を飲まない日を重ねていけたらいいんです。まあ、私も最初はカッコつけてましたけどね。

▶ バースデーを迎えて～普通の暮らし

　マックさんに打ち明けた日をきっかけに、ミーティングでも「素」の自分が出せるようになっていきました。そうしたら飲みたいって思わなくなりました。前は飲まないで過ごすこと自体が生活の目標みたいだったのが、妻とも普通の会話ができるようになりました。ずいぶん苦労をかけましたけどね。あ、これはまだ言ってないな……。

　再就職もできて、今は仕事だけじゃなく家族も大事。楽しみが普通にある生活です。酒はね、テレビのコマーシャルなんかを見て飲みたくなるときはありますよ。うまそうだなぁって。でも、今日皆さんに、断酒１年のバースデーを祝ってもらって、仲間の存在をまた実感しています。ここで楽しみやストレス解消できるから酒は必要ないんですね。前はいつも飲みたい気持ちがあって、それに**支配**※8されちゃって、理

由を見つけては飲むしかない、それが自分の自然な姿だって思い込んでいましたね。

　職場の忘年会や新年会では、自分はアルコール依存症で入院したこともあるって**カミングアウト**しました。これからは酒のことばかり考える人生じゃなくて、仕事や何よりも家族のことを考えて、普通の楽しみがある人生にしていきたいですね。

※8
依存症
（アディクション）
→ p.24

妻の立場から

　夫が飲まなくなって１年。長い道のりでした。一時は離婚も考えましたが、アルコール依存症者の家族会に出席することで支えられました。

　病院の精神保健福祉士が何度も愚痴を聞いてくれました。あるとき「あなたの人生は、夫とは別のもの」と言われて、「え？」と思って。ずっと専業主婦で、夫の飲酒の責任は私にもあると反省したり、でも、そんな私の気持ちをちっとも知らずに飲酒を繰り返す夫のことを口では責めてきました。

アラノン※9という依存症の**家族会のグループ**を紹介されて半信半疑で参加し「私は」と自分を主語に語る時間が与えられて意識が変わりました。夫と距離をとれるようになると肩の荷が軽くなるというか。私の人生、夫に重ねすぎていたんです。

　夫は結婚したときからお酒を飲むのが普通でした。１年も飲んでいないのははじめてです。これが「普通」になっていくのかまだわかりません。それは夫が決めること。AA のお仲間もできたようですし、私は高齢者施設のパート勤めを始めました。自分の時間を大切にしたいと思います。

※8
アラノン
→ p.188

PSW. Ayaからの一言

　ボブさんは若い頃から飲酒習慣があったので、ご家庭でも飲んでいる状態が当たり前だったかもしれません。そして、さまざまな問題の原因にお酒があるとわかるにつれて、「断酒」がご夫婦の会話の中心になっていったようです。このようなお酒を中心としたコミュニケーションによって、いつの間にか家族の関係性は歪められていました。奥さまはボブさんに何とかして立ち直ってほしいという強い思いをもっていましたが、その思いがご自身を苦しめてもいました。

　ご夫婦や身近な家族でも一人ひとり別の人格です。ぶつかり合い、思い通りにいかないこともあるでしょう。相手を変えようとするのではなく、自分の考え方や行動を変え、新たなライフスタイルを獲得したことでご夫婦の関係性も変わったようですね。

キーワードで学ぶ
精神疾患とケア

01 ウェルビーイング

　ウェルビーイング（well-being）とは「幸福」や「満たされた状態」を示す言葉です。ウェル（well）とは「よいこと」、ビーイング（being）とは「状態」や「存在」を意味します。世界保健機関（WHO）では、健康とは病気ではないとか弱っていないということではなく、体・心・社会的に「ウェルビーイング」であることと説明しています。精神保健では、病気や障害のことだけでなく、その人全体のよい状態に注目するときに使われる言葉です。つまり、精神疾患を回復させることだけを考えるのではなく、その人の**幸せや生きがいにも目を向けた支援が大切**だということです。

　個人によってウェルビーイング（幸福）の感じ方や考え方は変わりますが、国内外を問わず注目されている概念です。最近ではスマートフォンなどのデジタル機器が普及したのに伴って、**「デジタル・ウェルビーイング」**（デジタル機器などのテクノロジーに翻弄されることなくメリットを享受するための取組み）という言葉が生まれるなど、身近な言葉になってきました。

WHOの健康の定義にあるウェルビーイング

世界保健機関（WHO）憲章

Health is a state of complete physical, mental and social well-being and not merely the absence of disease or infirmity.

健康とは、病気ではないとか、弱っていないということではなく、肉体的にも、精神的にも、そして社会的にも、すべてが満たされた状態にあることをいいます。

（日本 WHO 協会：訳）

キーワード
02 リハビリテーション

　リハビリテーション（rehabilitation）は、医療や障害福祉領域では、病気によって損なった能力を理学療法や作業療法などによって取り戻したり、あるいは残った機能を伸ばして生活の障害を軽くしていくための訓練をいいます。しかし、本来の言葉としては、病気や障害あるいは差別などのために傷つけられた尊厳や人権を再び取り戻して、人間として本来あるべき姿に回復することをいい、全人的復権という意味をもっています。なお、リハビリテーションには、私たちが一般的に「リハビリ」と呼んでいる「医学的リハビリテーション」のほかに下記のような種類があります。

リハビリテーションの種類

医学的 リハビリテーション	医療機関で行う理学療法や作業療法などのことで、普段「リハビリ」と呼んでいるもの。
職業 リハビリテーション	障害のある人が仕事に就き、維持するための支援。仕事をするための能力評価や職業訓練、就労支援などで、ハローワークや障害者職業センターのほか就労移行支援事業などが実施する。障害者の法定雇用率の引き上げといった政策に伴い、推進されている。
社会 リハビリテーション	障害者がさまざまなサービスを自ら活用して社会参加し、人生を主体的に生きていく「社会生活力」を高めるもの。社会問題に対して、社会の仕組み自体にアプローチすることも含む。
教育 リハビリテーション	障害児教育や特別支援教育などに加え、社会教育や生涯教育なども含む幅広い教育活動をさす。能力を向上させ、潜在能力を開発し、自己実現を図ることを目的にした活動。

03 リカバリー

　リカバリー（recovery）の「カバー（cover）」とは、何かを覆うカバーではなく、「つかみ取る」という意味です。一般的には「回復」と訳され、コンピュータなどが故障したとき元通りになることなどをいいます。しかし、精神疾患におけるリカバリーとは、単に症状が治って元通りになることを意味するのではなく、人生やその人の置かれた社会的な立場全体を含んだ回復であって、**部分的な尺度では測れません**。精神疾患を体験した人は、病気や障害の制限に立ち向かい、いつも挑戦し進んでいこうとする生き方と表現する場合があります。WRAP（➡ P.138）では、リカバリーに不可欠なのは希望、責任、学ぶこと、権利擁護、支援の五つだといいます。どの考え方も、**生き方を主体的に追求して人生を取り戻し、社会とのつながりをつくる**という要素が含まれます。

　症状や障害の重さにかかわらず、学校に通い、働き、家庭をもつ人は多くいます。誰にでもリカバリーは可能であり、そのことを信じて支援することがリカバリーへの強い力となります。

リカバリーに関係する用語

希望 hope	希望をもつことからリカバリーが始まります。本人が希望をもてない場合でも、まず支援者が希望を信じることから始めます。
選択 choice/option	リカバリーの実現のためには、自分で選ぶ(choice)ことと選択肢(option)が必要。どの薬を飲むかといった医療的な要素や、どの就労継続支援事業所に通うかといった障害福祉サービスだけから選ぶのは、本当の選択ではありません。インフォーマルサービスも含めた広い選択肢から選べる支援が必要です。
責任 responsibility	返すこと(re)と約束(spons-)からきている言葉で、「責任があること」や「信頼できること」を意味します。自分がやったことに責任をもち、他人を尊重することが、リカバリーに役立ちます。

第1章 精神科で扱う病気や障害

第2章 精神症状とかかわりの工夫

第3章 精神疾患の薬物療法

第4章 さまざまな治療と支援

第5章 精神疾患のある人へのケア

第6章 精神疾患のある人へのケア実践

第7章 キーワードで学ぶ精神疾患とケア

04 ストレングス

ストレングス（strength）は、ストロング（strong ＝強い）の名詞で、建てることや積み重ねるという語源があり、一般的には「強さ」や「力」と訳されます。人や組織の強みを発見して作業効率向上に活かすなど、ビジネス領域でも使われる言葉です。

対人援助場面では、できないことや困ったことだけに注目するのではなく、すでにできていることや、**個人や家族、地域社会に本来備わっている力を見つける**ことを、ストレングスに着目するといいます。過去に使ってきた資源、現在ある資源、個人の「何がしたいか」という願望に注目したアセスメントを行うのが、**ストレングスモデル**のケアマネジメント（➡ P.135）です。利用者の悪いことばかりが見えてしまって支援が難しいときにでも、問題より可能性を発見するように努め、病気の情報よりも**健康なところに注目**するとよい変化が生まれ、リカバリーが進みます。

ストレングスに着目したアセスメント

夢・希望
これがしたい！
これが欲しい！

個人　才能　能力　スピリチュアル

環境
家・生活　お金・経済　余暇
健康・快適　仕事・教育　知識
文化

この人の願望は？

今やっていること
できることは？

社会や文化
環境の
ストレングスは？

今までどんなストレングスを
使ってきた？

05 レジリエンス

　レジリエンス（resilience）は、後ろに（re）跳ねる（salio、sel）からきている言葉で、外から大きな力を受けてできた**歪みを跳ね返す力**や、柔軟性、**しなやかさ**を意味します。レジリアンスやリジリアンスとも書かれ、可塑性とも訳されます。竹に雪が積もっても折れずにしなるように、生物には環境に応じて柔軟に形を変えて耐え、環境が整えば元の状態に戻る力があります。地球温暖化で大きな環境変化があっても回復する生態系や、2011年の東日本大震災のような大災害、テロや戦禍からの個人や地域の回復や、企業活動の持続のように、生物学や社会学の面でも注目されている言葉です。

　重度の精神障害や、虐待などの非常に大きなトラウマ、社会的な困難のために、人生の挫折を体験し、一度は希望を失っても、人間には**立ち直る力**があります。**条件が整えば本来の状態に戻る能力がある**とするのがレジリエンスの考え方です。その促進のためには個人の努力だけでなく、家族や支援者を含めて、社会や文化全体が変化を受け入れて柔軟に対応できる環境になることが必要です。

困難な
状況

トラウマ
失職
借金
病気

立ち直る力

信頼
安心
健康
役割

第1章 病気や障害　精神科で扱う

第2章 かかわりの工夫　精神症状と

第3章 薬物療法　精神疾患の

第4章 治療と支援　さまざまな

第5章 人へのケア　精神疾患のある

第6章 人へのケア実践　精神疾患のある

第7章 精神疾患とケア　キーワードで学ぶ

06 スピリチュアル

　スピリチュアル（spiritual）は、「息をすること」を意味するラテン語のspīrāreからきた言葉で、インスパイア（inspire；鼓舞する、やる気を起こさせる）や、コロナウイルス感染のために重症肺炎になったときなどに使われるレスピレーター（respirator；呼吸器）は同じ語源です。日本語では霊的や精神性などと訳され、宗教や神秘的なイメージがありますが、もとの言葉からは、**生命の要素や生きていく力という意味**になります。

　緩和ケアでは、がんなどの病気に伴う苦痛について、単なる身体の痛みだけではなく、精神的、社会的な苦痛、さらにスピリチュアルな苦痛にも目を向けます。これを**スピリチュアルペイン**（**霊的な苦痛**）と呼び、その支援をスピルチュアルケアといいます。支援者は苦痛を取り去ろうとするよりも、苦悩のなかにも意味を見出そうと寄り添い、ともに同じ時間を過ごすことが支えになります。

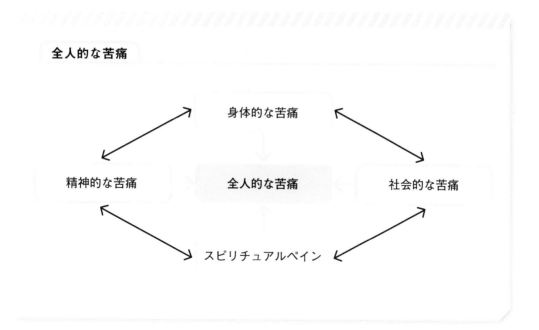

全人的な苦痛

身体的な苦痛

精神的な苦痛　　全人的な苦痛　　社会的な苦痛

スピリチュアルペイン

07 DSM5とICD11

内因性精神疾患（➡ P.2）などの精神科の病気は、はっきりした原因がわからないものが多いので、症状や経過を詳しくみて分類して診断します。症状の評価方法が変わると診断名も変わってしまうため、評価のはっきりした基準（マニュアル）をつくって、決まった手順で診断する**操作的診断基準**がいくつも開発されています。

その一つが、アメリカ精神医学会がつくった「精神障害の診断・統計マニュアル（**D**iagnostic and **S**tatistical Manual of **M**ental Disorders）」で、1980年に第3版、1994年に第4版が出され、現在は2013年の第5版（**DSM-5**）が最新です。世界保健機関（WHO）も「国際疾病分類（**I**nternational **C**lassification of **D**iseases）」をつくっており、現在は1990年につくられた第10版（**ICD-10**）が使われていますが、これからは2019年刊行の第11版（**ICD-11**）に移行していきます。病気の統計の国際比較などに用いられ、日本では診療報酬請求や、精神障害者保健福祉手帳や障害者年金の診断書などで、統一した病名が求められるときにも使われます。

ICD-10
F2 統合失調症
F3 気分障害
F4 神経症性障害、ストレス関連障害

DSM-5
II 統合失調症スペクトラム障害
III 双極症
IV うつ病
V 不安症
VI 強迫症
VII ストレス関連障害
VIII 解離症

〈診断〉

第 1 章 精神科で扱う 病気や障害

第 2 章 精神症状と かかわりの工夫

第 3 章 精神疾患の 薬物療法

第 4 章 さまざまな 治療と支援

第 5 章 精神疾患のある 人へのケア

第 6 章 精神疾患のある 人へのケア実践

第 7 章 キーワードで学ぶ 精神疾患とケア

キーワード

08 IPS（個別就労支援プログラム）

　IPS（Individual Placement and Support）とは、就労してからの個別支援をいいます。精神障害の就労支援は、まず病気の症状を軽くし、リハビリテーションで働くための準備を整えて、できることを段階的に少しずつ増やす方法で行われてきました（就労支援の**段階モデル**）。しかし、途中段階の仕事がうまくいかないと次のステップに進むことができません。また、デイケアや就労継続支援でうまくいっていても、一般企業に就職すると続かない場合もあり、このような失敗体験を繰り返すうちに本人も支援者も就労すること自体を諦めてしまうことが大きな問題でした。

　一般的に私たちは、あらかじめ訓練を受けてから就労したわけではなく、就職してから必要な訓練である職場研修（**OJT**: On the Job Training）で仕事を覚えていきます。**IPS**（就労してからの個別支援）では、本人の**能力や好みに応じて実際の求人とつないで**就職を援助し、**就労後のサポートも継続的に**行います。この方法は段階モデルよりも仕事に就きやすく続けられる人が多いという成果が出ています。

IPSで行う支援の例

朝起きられない	午後からの仕事
集中力が続かない	短時間の仕事
すぐ忘れてしまう	メモを書く、こまめに指示をもらう
他人の視線が気になる	一人で仕事、衝立を立てる、サングラスをかける
身だしなみが整わない	服装を気にしなくてもよい業務、職場で制服に着替える援助
3日しか続かなかった	どうやって3日間続けられたのか分析

09 家族会・自助グループ

　精神障害者の家族会は歴史が古く、障害福祉サービスが十分でなかった時代に、家族が小規模作業所をつくってできあがったのが家族会の始まりです。全国的な活動としては、精神障害者の家族が中心になって活動している「**みんなねっと（全国精神保健福祉会連合会）**」があります。

　2000年代からは、精神障害でも当事者の活動が紹介されるのにしたがって、自助グループ活動が増えてきました。現在は、統合失調症や双極性障害をはじめ、発達障害やひきこもりなど、さまざまな自助グループ活動が各地で行われていますが、基本的には小規模の活動です。全国的な活動としては、当事者や支援者が中心になった組織である「**COMHBO：コンボ（地域精神保健福祉機構）**」があります。

　アルコール依存の自助グループとしては、アルコール依存の体験のある人が匿名で集まりルールに沿って話し合う「**AA（Alcoholics Anonymous：アルコホーリクス・アノニマス）**」や、日本独自のグループとしてアルコール依存からの回復者による**断酒会**があるほか、アルコール依存症の家族会としては、**アラノン（Al-Anon）**や**家族の回復ステップ12**などがあります。また、依存症からの回復者が運営し、共同生活を行って依存からの脱却を支援する施設として**ダルク（DARC）**があります。薬物依存などの依存症、買い物依存などの行動依存、摂食障害などの自助グループも各地で活動しています。

　近年は**ピアサポート**（➡ P.142）の力が注目されています。自分の体験を活かしてほかの同じ立場の人を支援する活動をする人を**ピアサポーター**といいます。

第 1 章 精神科で扱う病気や障害

第 2 章 精神症状とかかわりの工夫

第 3 章 薬物療法

第 4 章 さまざまな治療と支援

第 5 章 精神疾患のある人へのケア

第 6 章 精神疾患のある人へのケア実践

第 7 章 キーワードで学ぶ精神疾患とケア

10 精神障害者保健福祉手帳

精神障害者保健福祉手帳は、一定程度の精神障害の状態にあることを認定するもので、精神保健福祉法に規定されています。精神障害者の自立と社会参加の促進を図るため、手帳の所持者には、さまざまな支援策が講じられています。

手帳の交付対象者は、何らかの精神障害（てんかん、発達障害などを含みます）により、**長期にわたり日常生活または社会生活への制約がある人を対象**としています。対象となるのはすべての精神障害で、次のようなものが含まれます。

統合失調症・うつ病、躁うつ病などの気分障害・てんかん・薬物依存症・高次脳機能障害・発達障害（自閉スペクトラム症、学習障害、注意欠如・多動性障害等）・そのほかの精神疾患（ストレス関連障害等）

ただし、知的障害があり、上記の精神障害がない人については、療育手帳制度があるため手帳の対象とはなりませんが、発達障害と知的障害を両方有する場合は、両方の手帳の交付を受けることができます。

精神障害者保健福祉手帳の等級

1級	精神障害であって、日常生活の用を弁ずることを不能ならしめる程度のもの
2級	精神障害であって、日常生活が著しい制限を受けるか、又は日常生活に著しい制限を加えることを必要とする程度のもの
3級	精神障害であって、日常生活若しくは社会生活が制限を受けるか、又は日常生活若しくは社会生活に制限を加えることを必要とする程度のもの

キーワード

11 精神疾患と関連法規

精神保健福祉法

　正式名称は、「精神保健及び精神障害者福祉に関する法律」です。1950年に成立した精神衛生法が、1987年に精神保健法、1995年に精神保健福祉法へと改正を重ねてきました。精神保健福祉法では、精神障害者の人権に配慮した医療と保護を目的とした入院形態や通報制度、自立と社会活動参加を促進するための精神障害者保健福祉手帳などを規定しています。

医療観察法

　正式名称は、「心神喪失等の状態で重大な他害行為を行った者の医療及び観察等に関する法律」です。心神喪失もしくは心神耗弱状態として不起訴、無罪となった者などの社会復帰のために、病状の改善のため入院や通院などの処遇を行い、他害行為を再び起こさないように支援していくものです。

障害者総合支援法

　正式名称は「障害者の日常生活及び社会生活を総合的に支援するための法律」です。これまで、別々の法律を基に支援されていた身体、知的、精神の三障害について、福祉制度を一元化した障害者自立支援法が改正されてできました。

身体障害者福祉法　　知的障害者福祉法　　精神保健福祉法　　一元化　　2005年 障害者自立支援法　　改正　　2012年 障害者総合支援法

障害者基本法

障害福祉に関する法律のベースとなっており、すべての国民が、等しく個人として尊重され、社会生活を送れるための施策にかかわる基本原則等を示しています。

自殺対策基本法

国や自治体が自殺対策の基本事項を定め、自殺対策を総合的に推進して自殺の防止を図り、併せて自殺者の親族等に対する支援を充実させ、国民が健康で生きがいをもって暮らすことのできる社会の実現に寄与することを目的とした法律です。

障害者雇用促進法

正式名称は「障害者の雇用の促進等に関する法律」です。障害者の雇用促進のための職業リハビリテーションや障害者差別の禁止、障害者雇用率制度などを定めています。

その他の関連法規

障害者差別解消法	障害を理由とする差別の解消の推進に関する法律
	「不当な差別的取扱いの禁止」と「合理的配慮の提供」を定めている
障害者虐待防止法	障害者虐待の防止、障害者の養護者に対する支援等に関する法律
	障害者を虐待被害から守るため、虐待対応のスキームを定めている

12 SDM（共同意思決定）

　SDM（**S**hared **D**ecision **M**aking：**共同意思決定**）とは、本人と支援者が、治療やサービスに関する専門的な情報、本人のやりたい方法や考え方、決定に関する責任などについてともに話し合い、目的や細かな目標を確認して、本人に合った方法を決めるやり方です。

　これまでは、専門職が一番正しい方法を知っているとされて、本人のためによかれと思って治療や処遇の方針を決めていました。しかし、それでは選択肢がとても少なくなり、本人の生活の幅が狭まって、主体性や責任をもつ力を奪ってしまいかねません。SDM によって、本人は**主体的に自分の治療や生活スタイルを選ぶ**ことができます。その際、専門職は本人が最善の決定ができるよう支援する役割を担います。

同意に関する言葉

インフォームドコンセント （IC: informed consent）	説明と同意。医療では、医師が治療や見通しを説明し、患者が十分な情報を得て同意または拒否することをいう
コンプライアンス （compliance：遵守）	決まった方針に従うこと。企業が法令を守るときにも使われる言葉
服薬コンプライアンス	処方で決められた通りに薬を飲むこと
アドヒアランス （adherence: 定着性）	患者が積極的に治療方針の決定に参加し、その決定に従って治療を受けること
服薬アドヒアランス・ 治療アドヒアランス	十分な知識を得て納得し、積極的に薬を服用したり、治療を受けること

第 7 章参考文献

- 野中猛「図説 精神障害リハビリテーション」中央法規出版、2003.

- マーク・レーガン、前田ケイ監訳「ビレッジから学ぶリカバリーへの道―精神の病から立ち直ることを支援する」金剛出版、2005.

- チャールズ・A・ラップ、リチャード・J・ゴスチャ、田中英樹監訳「ストレングスモデル第3版―リカバリー志向の精神保健福祉サービス」金剛出版、2014.

- 枝廣淳子「レジリエンスとは何か―何があっても折れないこころ、暮らし、地域、社会をつくる」東洋経済新報社、2015.

- 高橋三郎、大野裕監訳「DSM-5 精神疾患の分類と診断の手引」医学書院、2014.

- 神庭重信、針間博彦、松本ちひろ、丸田敏雅監「ICD-11「精神、行動、神経発達の疾患」分類と病名の解説シリーズ」日本精神神経学会、2021.
  https://www.jspn.or.jp/modules/advocacy/index.php?content_id=90

- デボラ・R. ベッカー、ロバート・E. ドレイク、大島巌他訳「精神障害をもつ人たちのワーキングライフ―IPS: チームアプローチに基づく援助付き雇用ガイド」金剛出版、2004.

- 全国精神保健福祉会連合会（みんなねっと）https://seishinhoken.jp/

- COMHBO（地域精神保健福祉機構）https://www.comhbo.net/

- 日本ピアスタッフ協会 https://peersociety.jimdofree.com/

- Al-Anon　アラノン家族グループ http://www.al-anon.or.jp/

- 家族の回復ステップ12 http://frstep12.info/index.html

- 全日本断酒連盟 https://www.dansyu-renmei.or.jp/

- 日本ダルク http://darc-ic.com/

- 藤井千代、渡邊衡一郎ほか「精神科臨床における共同意思決定」精神医学62（10）、医学書院、2020.

- 障害者福祉研究会「ICF 国際生活機能分類―国際障害分類改定版」中央法規出版、2002.

※本書に掲載しているウェブサイトの最終閲覧日は2022年6月10日です。

索引

あ

アウトリーチ……………………………136
アカンプロサート…………………………84
アクト……………………………………136
アサーショントレーニング……………169
アスペルガー症候群………………………22
アセチルコリンエステラーゼ阻害薬……89
アセトアルデヒド…………………………84
アディクション……………………24, 54
アトモキセチン……………………………86
アドレナリン………………………………72
アミロイドベータ…………………………88
アラノン……………………………177, 188
アリピプラゾール…………………………74
アルコール依存症治療薬…………………84
アルコホーリクス・アノニマス………188
アルツハイマー病…………………………32
意識障害……………………………………39
依存………………………………………24, 52
依存症……………………………………24, 172
一般就労…………………………………123
医療観察法………………………………190
医療保護入院……………………105, 160
陰性症状……………………………………6
ウェクスラー式知能検査………………100
ウェルビーイング………………………180
うつ状態…………………………………10, 46
うつ病……………………………………8, 166
応用行動分析………………………………98
オープンダイアローグ…………………140
オピオイド…………………………………84
オレキシン…………………………………82

か

外因性精神疾患……………………………2
解決志向アプローチ……………………54, 98
改訂長谷川式簡易知能評価スケール……100
概日リズム睡眠・覚醒障害………………26
回避………………………………………16
回避・制限性食物摂取症…………………28
解離……………………………18, 38, 44
解離症……………………………………18
解離性健忘…………………………………19
解離性昏迷…………………………………19
解離性障害…………………………………18
解離性同一性障害…………………………19
過覚醒………………………………………16
学習理論…………………………………126
過食性障害…………………………………28
家族会……………………………………188
家族教室…………………………………132
家族心理教育……………………………132
葛藤………………………………………48
過眠症……………………………………26
カルバマゼピン……………………………90
寛解………………………………………11
環境調整……………………………………60
関係依存……………………………………25
記憶障害……………………………………63
気分安定薬………………………………10, 78
気分変調症…………………………………8
希望………………………………………182
虐待………………………………………58
ギャバ……………………………………73, 80
急性ストレス障害…………………………16
境界性パーソナリティー障害……………20
共同意思決定……………………………192
強度行動障害………………………………60
強迫観念…………………………………14, 50
強迫行為…………………………………14, 50
強迫症……………………………………14
強迫神経症…………………………………14
強迫性障害…………………………………14
緊張病性昏迷………………………………6

グアンファシン······························86
薬の効き方······························70
薬の役割······························69
グループホーム·························113
グルタミン酸··························73
クロザピン······························74
ケアマネジメント····················134
ケトン食療法··························90
幻覚····································40
元気回復行動プラン·············138, 165
限局性学習障害························22
限局性恐怖症··························12
見当識障害······························39
抗うつ薬··························76, 168
後見人··························115, 144
高次脳機能障害····················32, 62
抗精神病薬······························74
向精神薬······························72
構造化································60
抗てんかん薬··························90
行動依存····················24, 52, 54
行動障害······························60
行動分析··························61, 126
行動療法··························98, 126
抗不安薬······························80
合理的配慮························123, 146
国際疾病分類·························4, 186
個別就労支援プログラム·············187
コリン··························73, 76, 88
コンボ··························143, 188
昏迷····································38

さ

財産管理·······························144
再トラウマ化·························151
再発予防······························10
作業····································102
作業療法······························102
錯覚····································40

三環系抗うつ薬··························76
ジアゼパム······························80
シアナミド······························84
自我····································44
自我障害·····························7, 44
思考障害·····························7, 44
自己臭恐怖症··························15
自殺····································56
自殺者··································57
自殺対策基本法·······················191
自殺予防······························57
自傷····································56
自傷行為······························57
自助グループ·············142, 164, 188
ジスルフィラム··························84
失語····································63
失行····································63
実行機能障害··························63
失認····································63
児童委員······························115
自閉スペクトラム症····················22
社会資源······························148
社会生活スキルトレーニング··· 98, 130, 153, 161
社会的行動障害··························63
社会復帰調整官·······················114
社交不安障害··························12
醜形恐怖症······························15
修正型電気けいれん療法·············74
周辺症状······························32
就労継続支援A型·····················123
就労継続支援B型·····················123
就労支援··························122, 163
障害者基本法·························191
障害者虐待防止法·····················191
障害者ケアマネジメント·············134
障害者権利条約·······················146
障害者雇用促進法·····················191
障害者差別解消法··············146, 191
障害者総合支援法·····················190

障害特性 …………………………………… 146
条件反射制御法 …………………………… 175
情動麻痺 …………………………………… 16
食行動症 …………………………………… 28
食行動の障害 ……………………………… 54
自立訓練施設 ……………………………… 113
自立生活援助 ……………………………… 120
心因性精神疾患 …………………………… 2
心気症 ……………………………………… 15
神経性過食症 ……………………………… 28
神経性無食欲症 …………………………… 28
神経性やせ症 ……………………………… 28
神経伝達物質 ……………………………… 72
神経発達症 ………………………………… 22
身上監護 …………………………………… 144
身体集中反復行動症 ……………………… 15
心的外傷後ストレス障害 ………………… 16
侵入症状 …………………………………… 17
心理教育 ……………………… 132, 153, 162
心理検査 ……………………………… 100, 169
心理職 ……………………………………… 109
心理療法 …………………………………… 96
錐体外路症状 ……………………………… 75
睡眠時随伴症 ……………………………… 27
睡眠時無呼吸症 ………………………… 26, 82
睡眠障害 …………………………………… 26
睡眠薬 ……………………………… 82, 167
睡眠リズム ………………………………… 64
ストレス障害 ……………………………… 16
ストレングス …………………………… 142, 183
ストレングスモデル ……………………… 183
スピリチュアル …………………………… 185
スピリチュアルペイン …………………… 185
スリップ …………………………………… 52
生活障害 …………………………………… 7
精神科医療 ………………………………… 106
精神科作業療法 ………………………… 103, 153
精神科デイケア …………………………… 153
精神科訪問看護 …………………………… 110

精神科リハビリテーション ……………… 152
精神疾患の診断・統計マニュアル ……… 4, 186
精神障害者保健福祉手帳 ………………… 189
精神保健福祉法 …………………………… 190
精神療法 ……………………………… 96, 98
性同一性障害 ……………………………… 30
成年後見制度 ……………………………… 144
責任 ………………………………………… 182
節酒療法 …………………………………… 175
摂食障害 …………………………………… 28
摂食症群 …………………………………… 28
セルフヘルプグループ …………………… 142
セロトニン ……………………………… 8, 72, 76
セロトニン・ノルアドレナリン再取り込み
　阻害薬 …………………………………… 77
選択 ………………………………………… 182
選択的セロトニン再取り込み阻害薬 …… 77
前頭側頭型認知症 ………………………… 32
全般性不安障害 …………………………… 12
せん妄 ……………………………………… 38
素因 ………………………………………… 2
躁うつ病 …………………………………… 10
双極症 ……………………………………… 10
双極性感情障害 …………………………… 78
双極性障害 ………………………………… 10
操作的診断基準 ……………………… 4, 20, 186
躁状態 ……………………………………… 10, 46
相談支援専門員 …………………………… 114
ソーシャルワーカー ……………………… 108
底つき体験 ………………………………… 52
措置入院 …………………………………… 105

た

体内リズム ………………………………… 64
タウ蛋白 …………………………………… 88
ためこみ症 ………………………………… 14
ダルク …………………………………… 142, 188
炭酸リチウム ……………………………… 78
断酒 ……………………………………… 52, 85

断酒会‥‥‥‥‥‥‥‥‥‥‥‥‥‥‥ 142, 174
断酒モデル‥‥‥‥‥‥‥‥‥‥‥‥‥‥‥‥ 84
地域移行支援‥‥‥‥‥‥‥‥‥‥‥‥‥‥ 118
地域定着支援‥‥‥‥‥‥‥‥‥‥‥‥‥‥ 118
チームアプローチ‥‥‥‥‥‥‥‥‥‥‥ 154
注意欠如・多動性障害‥‥‥‥‥‥‥ 22, 86
注意障害‥‥‥‥‥‥‥‥‥‥‥‥‥‥‥‥ 63
中核症状‥‥‥‥‥‥‥‥‥‥‥‥‥‥‥‥ 32
適応障害‥‥‥‥‥‥‥‥‥‥‥‥‥‥‥‥ 16
てんかん‥‥‥‥‥‥‥‥‥‥‥‥‥‥ 34, 90
てんかん学習プログラム‥‥‥‥‥‥‥‥ 91
同意‥‥‥‥‥‥‥‥‥‥‥‥‥‥‥‥‥ 192
動機付け面接法‥‥‥‥‥‥‥‥ 52, 84, 98
統合失調症‥‥‥‥‥‥‥‥‥‥‥‥ 6, 158
ドネペジル‥‥‥‥‥‥‥‥‥‥‥‥‥‥‥ 88
ドパミン‥‥‥‥‥‥‥‥‥‥ 40, 52, 72, 74
トラウマ‥‥‥‥‥‥‥‥‥‥‥‥‥‥ 17, 58
トラウマインフォームドケア‥‥‥‥58, 150

な

内因性精神疾患‥‥‥‥‥‥‥‥‥‥‥‥‥ 2
ナルコレプシー‥‥‥‥‥‥‥‥‥‥‥‥‥ 26
ナルメフェン‥‥‥‥‥‥‥‥‥‥‥‥‥‥ 84
日常生活自立支援員‥‥‥‥‥‥‥‥‥ 115
任意入院‥‥‥‥‥‥‥‥‥‥‥‥ 105, 168
認知‥‥‥‥‥‥‥‥‥‥‥‥‥‥‥‥‥‥ 98
認知機能障害‥‥‥‥‥‥‥‥‥‥‥‥ 7, 62
認知矯正法‥‥‥‥‥‥‥‥‥‥‥‥‥‥‥ 63
認知行動療法‥‥‥‥‥‥‥‥ 48, 98, 128
認知行動理論‥‥‥‥‥‥‥‥‥‥‥‥ 128
認知症‥‥‥‥‥‥‥‥‥‥‥‥‥‥‥‥‥ 32
認知症治療薬‥‥‥‥‥‥‥‥‥‥‥‥‥‥ 88
認知適応法‥‥‥‥‥‥‥‥‥‥‥‥‥‥‥ 63
認知療法‥‥‥‥‥‥‥‥‥‥ 98, 128, 169
脳血管性認知症‥‥‥‥‥‥‥‥‥‥‥‥‥ 32
脳循環改善薬‥‥‥‥‥‥‥‥‥‥‥‥‥‥ 89
脳の伝達物質‥‥‥‥‥‥‥‥‥‥‥‥‥‥ 72
ノセボ効果‥‥‥‥‥‥‥‥‥‥‥‥‥‥‥ 70
ノルアドレナリン‥‥‥‥‥‥‥‥‥‥ 8, 72

ノルアドレナリン作動性・
　特異的セロトニン作動性抗うつ薬‥‥‥‥ 77

は

パーソナリティ障害‥‥‥‥‥‥‥‥‥‥ 20
ハームリダクション‥‥‥‥‥‥‥‥84, 175
バウムテスト‥‥‥‥‥‥‥‥‥‥‥‥ 100
暴露療法‥‥‥‥‥‥‥‥‥‥‥‥‥‥‥‥ 99
8050問題‥‥‥‥‥‥‥‥‥‥‥‥‥‥ 144
発達障害‥‥‥‥‥‥‥‥‥‥‥‥‥‥‥‥ 22
抜毛症‥‥‥‥‥‥‥‥‥‥‥‥‥‥‥‥‥ 14
パニック症‥‥‥‥‥‥‥‥‥‥‥‥‥‥‥ 12
パニック障害‥‥‥‥‥‥‥‥‥‥‥‥‥‥ 12
パラソムニア‥‥‥‥‥‥‥‥‥‥‥‥‥‥ 27
バルプロ酸‥‥‥‥‥‥‥‥‥‥‥‥‥‥‥ 90
ハローワーク‥‥‥‥‥‥‥‥‥‥‥‥ 112
ピアサポーター‥‥‥‥‥‥‥‥‥142, 188
ピアサポート‥‥‥‥‥‥‥‥‥‥142, 188
ヒスタミン‥‥‥‥‥‥‥‥‥‥‥‥ 73, 76
非定型抗精神病薬‥‥‥‥‥‥‥‥‥‥‥ 74
皮膚むしり症‥‥‥‥‥‥‥‥‥‥‥‥‥‥ 14
病態‥‥‥‥‥‥‥‥‥‥‥‥‥‥‥‥‥ 2, 4
開かれた対話‥‥‥‥‥‥‥‥‥‥‥‥ 140
広場恐怖症‥‥‥‥‥‥‥‥‥‥‥‥‥‥‥ 12
不安‥‥‥‥‥‥‥‥‥‥‥‥‥‥‥‥‥‥ 48
不安症‥‥‥‥‥‥‥‥‥‥‥‥‥‥‥‥‥ 12
不安障害‥‥‥‥‥‥‥‥‥‥‥‥‥‥‥‥ 12
フェノバルビタール‥‥‥‥‥‥‥‥‥‥ 80
副作用‥‥‥‥‥‥‥‥‥‥‥‥‥‥‥‥‥ 92
物質依存‥‥‥‥‥‥‥‥‥‥‥‥‥ 25, 52
不眠‥‥‥‥‥‥‥‥‥‥‥‥‥‥‥‥‥‥ 64
不眠症‥‥‥‥‥‥‥‥‥‥‥‥‥‥‥‥‥ 26
プラセボ‥‥‥‥‥‥‥‥‥‥‥‥‥‥‥‥ 70
フラッシュバック‥‥‥‥‥‥‥‥‥‥‥ 16
プロセス依存‥‥‥‥‥‥‥‥‥‥‥‥‥‥ 25
ヘルパー事業所‥‥‥‥‥‥‥‥‥‥‥ 113
ベンゾジアゼピン系薬剤‥‥‥‥‥‥ 80, 83
報酬系‥‥‥‥‥‥‥‥‥‥‥‥‥‥‥‥‥ 86
暴力‥‥‥‥‥‥‥‥‥‥‥‥‥‥‥‥‥‥ 58

ボーダーライン ……………………………… 20
保護観察所 ……………………………………112
ポリファーマシー ……………………… 70, 92

ま

民生委員 ………………………………………115
みんなねっと ……………………… 143, 188
むずむず脚症候群 ………………… 27, 82
迷走神経刺激療法 …………………………… 90
メチルフェニデート ……………………… 86
メマンチン …………………………………… 88
メラトニン …………………………………… 82
妄想 …………………………………… 42, 161

や

ヤングケアラー ……………………………144
陽性症状 ……………………………… 6, 74
予期不安 ……………………………………… 12
抑うつ ………………………………………… 46
四環系抗うつ薬 …………………………… 76

ら

リカバリー ……………………… 138, 142, 182
離人症 ………………………………………… 19
リスペリドン ………………………………… 74
リハビリ職 …………………………………108
リハビリテーション ……………………181
リワーク ……………………………122, 169
レジリエンス ………………………………184
レストレスレッグス症候群 …………… 27
レビー小体病 ………………………………… 32
連合弛緩 ……………………………………… 7
ロールシャッハテスト …………………100

わ

ワークライフバランス …………………167

欧文

AA …………………………… 142, 175, 188
ACT …………………………………………136
ADHD ………………………………………… 22
ADHD治療薬 ……………………………… 86
ASD（急性ストレス障害）……………… 16
ASD（自閉スペクトラム症）…………… 22
CBT …………………………………………… 98
COMHBO …………………………… 143, 188
DARC ………………………………… 142, 188
DSM-5 ………………………………… 4, 186
HDS-R ………………………………………100
ICD-11 ………………………………… 4, 186
IPS …………………………………………187
LGBT ………………………………………… 30
mECT ………………………………… 9, 74
MOSES ……………………………………… 91
NaSSA ……………………………………… 76
NMDA受容体拮抗薬 ……………………… 89
PTSD ………………………………………… 16
rTMS ………………………………………… 9
SDM …………………………………………192
SLD …………………………………………… 22
SNRI ………………………………………… 76
SOGI ………………………………………… 30
SSRI ………………………………………… 76
SST ………………………………… 98, 130, 161
TIC …………………………………………150
WAIS ………………………………………100
WRAP ………………………………… 138, 182

著者紹介

植田俊幸（うえた・としゆき）　　第1章/第2章/第3章/第4章01~06/
　　　　　　　　　　　　　　　　第5章01~13/第7章

鳥取県立厚生病院・精神保健福祉センター　精神科医長・精神科医
1991年に鳥取大学医学部卒業。鳥取大学医学部附属病院、島根県の公立雲南総
合病院、静岡てんかん・神経医療センターを経て、2006年から鳥取県立精神保健
福祉センターに勤務。2010年からは、県立厚生病院での総合病院精神科診療と緩
和ケアならびに認知症ケア、国立病院機構鳥取医療センターでの重度精神障害者の
地域移行・定着支援などを兼務し、精神科の諸問題に幅広くかかわっている。

田村綾子（たむら・あやこ）　　第4章07~12/第5章14・15/第6章

聖学院大学心理福祉学部教授　精神保健福祉士・社会福祉士
明治学院大学大学院社会福祉学専攻博士後期課程満期退学、医療法人丹沢病院に
精神科ソーシャルワーカーとして勤務し、公益社団法人日本精神保健福祉士協会特
命理事・研修センター長を経て2020年に会長に就任。また、1998年より日立製作
所京浜地区産業医療統括センター、非常勤。
精神障害を中心とした障害者の地域移行・地域生活支援に関する研究や、現任ソー
シャルワーカーのスーパービジョン等に携わっている。

図解でわかる
対人援助職のための精神疾患とケア

2022年7月10日　初　版　発　行
2024年8月25日　初版第4刷発行

編　者	植田俊幸・田村綾子
発行者	荘村明彦
発行所	中央法規出版株式会社
	〒110-0016　東京都台東区台東3-29-1 中央法規ビル
	TEL　03-6387-3196
	https://www.chuohoki.co.jp/

印刷・製本	株式会社ルナテック
装幀デザイン	二ノ宮匡（ニクスインク）
本文・DTP	ホリウチミホ（ニクスインク）
装幀イラスト	大野文彰
本文イラスト	坂木浩子

ISBN978-4-8058-8737-0